Σ BEST シグマベスト

専門学校受験

看護医療系の英語総合

杉山一志 編著

これで合格

JN072816

文英堂

はじめに

この本は，看護医療系専門学校を受験する皆さんにぜひとも知っておいてもらいたい英語のルールや英語長文の読み方を，過不足なくわかりやすく１冊にまとめています。

編集するにあたって，看護医療系専門学校の入試問題を徹底的に分析しました。看護医療系の入試は一般入試とは違った特有の出題傾向があります。ほとんどの学校で文法問題と長文読解問題が出題されます。一般入試でも文法問題と長文読解問題は出題されますが，看護医療系専門学校の受験では，文法問題は多岐にわたって出題されている点が特徴的です。問われる内容は，難問やマニアックなものではなく，高校で学習してきた基礎的なことが多く，英文を読み書きする際に必要となる基本的な英文法の問題が出題されていると言えます。そこで，本書では文法項目を細かく分け解説しました。最も大切な部分を余すところなく，余分な知識を盛り込みすぎないように注意をしながら作成しました。

長文読解問題は，健康に関する内容や医療系テーマが非常に多く出題されています。本書では，その中から事前に知っておくと役に立つテーマを５つ厳選しました。医療の専門知識がまったくなくて不安に思っている人は，英文の日本語訳を読むだけでも役に立つでしょう。長文読解問題では空所補充問題や要点把握問題などがよく出題され，短時間で長文の内容を理解する力が求められています。そこで別冊解答に，英文の構造を図式化して載せました。長文問題は正解・不正解を確認して終わりということではなくて，英文の構造を理解する力を身につけて，どんな英文も正確に，そして速く読めるようになってください。

その他にも，発音・アクセント問題や，選択問題で必須のイディオム問題，会話問題も載せました。

本書が，看護医療分野に進まれる皆さんの英語学習の一助となって，「この本をしっかり勉強すれば，英語についてはバッチリ」と思ってもらえる１冊になれば，これほどうれしいことはありません。合格を目指して頑張ってください。

この本の特色と活用法

苦手な人も，だいじょうぶ。基礎の基礎から合格までナビゲート。

＜本書の構成＞

実際の看護医療系専門学校の入試問題を分析・研究し，「発音・アクセント編」「文法・語法編」「イディオム編」「会話編」「長文読解編」の５章で構成しています。どの章から始めてもかまいませんが，どの章も必ず目を通しておきましょう。各章の構成は次のとおりです。

第１章　発音・アクセント編

３つの item で構成されています。母音・子音の発音やアクセントのおもなルールをまとめています。

第２章　文法・語法編

入試によく出る英文法事項を50の item に細かく分けてあります。英語のルールや品詞の働きなど基礎的なことがらから入試にねらわれることがらまで，例題とともに説明しています。細分化しているので，苦手な箇所や難しい項目がひと目でわかり，重点的に学習ができます。

第３章　イディオム編

イディオムの形から３つの item に分けてあります。グループ分けすることで非常にたくさんあるイディオムを効率よく覚えられます。

第４章　会話編

会話でよく使われる表現方法や，状況に応じた表現を６つの item に分けています。

第５章　長文読解編

看護医療系専門学校入試に頻出のテーマを５つの item に厳選しました。そのテーマを扱った長文を読んで問題を解きましょう。既出語句は Words & Phrases にまとめているので，意味を確認しましょう。

＜おもな構成要素＞

導入とまとめ	このセクションで学ぶことを，先生が例文や表を使って説明しています。まずしっかり読んで理解しましょう。
ケース	例題に相当します。各項目における絶対に理解しておかなければならない典型的な問題を挙げています。答がわからなければ，**処方せん** やまとめの部分を読んで再度チャレンジしましょう。
ワンポイント	まとめて覚えておくと役に立つ内容や，入試頻出の重要ポイントをコンパクトにまとめました。この部分を読み直すだけでも，効果的に重要点の確認ができます。
チェック	過去の入試問題から抜粋しました。ケースの問題が理解できたか，自分の実力で解けるかを確認してください。難問には 難 をつけました。解答は別冊解答に載せています。答え合わせをするだけでなく，解説を読んで確実に理解しましょう。
実戦テスト	章末に過去問を集めました。実戦テストは項目別に分かれていないので，実際の入試問題を解く気持ちで取り組みましょう。間違えた問題は，別冊解答の解説をきっちりと読んで，その項目を解説している item に戻って，復習しましょう。

＜出題頻度＞

ケースに出題頻度を ★ 印で示しています。

★★★ ………… 基本問題が中心です。必ず身につけておきたい項目です。間違ったりわからなかった場合は，説明をよく読み正解するまで何度でもトライしましょう。

★★★★ ……… よく出題される項目です。少し難しい内容も含まれていますが，果敢にチャレンジしましょう。

★★★★★ …非常によく出題されます。現在完了形や動名詞，仮定法過去など絶対に押さえておきたい項目です。

Contents

第1章 発音・アクセント編

第2章 文法・語法編

第３章
イディオム編

第４章
会話編

第５章
長文読解編

第1章

発音・アクセント編

これで合格

item 1

発音（1）

主な母音の発音を覚えよう

母音とは？

・母音とは，日本語の「あいうえお」（aiueo）にあたる音です。母音の発音は，似た音が問われることが多いので，声に出して何度も発音して覚えましょう。

・つづり字 **-a-** は [æ ア]，[ei エイ] と発音されることが多い。
〔manager [mǽnidʒər マネヂァ]（経営者），lady [léidi レイディ]（婦人）など〕

・つづり字 **-i-** は [i イ][ai アイ] と発音されるものが多い。
〔window [wíndou ウィンドウ]（窓），polite [pəláit ポライト]（丁寧な）など〕

・つづり字 **-u-** は [ʌ ア] と発音するものと [juː ユー] と発音するものがよく出題されます。
〔culture [kʌ́ltʃər カルチァ]（文化），uniform [júːnəfɔːrm ユーニフォーム]（ユニフォーム）など〕

・つづり字 **-e-** は [e エ][iː イー] の区別がよくテストに出ます。
〔delicate [délikət デリケト]（繊細な），meter [míːtər ミータァ]（メートル）など〕

・つづり字 **-o-** はいろいろと発音されるので注意が必要ですが，[ʌ ア] と発音するか [ou オウ] と発音するかの区別がよくテストに出ます。
〔love [lʌv ラヴ]（愛），most [moust モウスト]（最も）など〕

ケース 1 ★★★★

下線部の発音が他の3つの場合と異なるものを，ア～エのうちから1つずつ選びなさい。

(1) ア anxious　イ active　ウ able　エ angle

(2) ア only　イ oven　ウ color　エ glove

処方せん

(1) ア anxious [ǽŋ(k)ʃəs アン(ク)シャス]（心配して），イ active [ǽktiv アクティヴ]（活動的な），ウ able [éibl エイブル]（～できる），エ angle [ǽŋgl アングル]（角）。ウのみ [ei] と発音する。

(2) ア only [óunli オウンリィ]（たった），イ oven [ʌ́v(ə)n アヴン]（オーブン），ウ color [kʌ́lər カラァ]（色），エ glove [glʌv グラヴ]（手袋）。アのみ [ou] と発音する。

解答 (1) ウ　(2) ア

ワンポイント

主な母音の発音

英語の母音は日本語の母音よりたくさんあるので，区別が難しい。代表的なものをつづりとともに覚えよう。

・つづり字 **-ar-** は [ɑːr アー] が多い。例外は war [wɔːr ウォー (ァ)] (戦争) や warm [wɔːrm ウォーム] (暖かい)。

[arctic [ɑ́ːrktik アークティク] (北極の), arm [ɑːrm アーム] (腕), star [stɑːr スター] (星) など]

・つづり字 **-ir-** / **-ur-** / **-er-** / **-or-** / **-ear-** は，[əːr ア～] と発音する。

[first [fəːrst ファ～スト] (第１の), purpose [pə́ːrpəs パ～パス] (目的), term [təːrm タ～ム] (学期), word [wəːrd ワ～ド] (単語), earth [əːrθ ア～ス] (地球) など]

・つづり字 **-oo-** は，[u ゥ] か [uː ゥー] と発音する。

[foot [fut フット] (足), wool [wul ウル] (羊毛), bloom [bluːm ブルーム] (花) など]

チェック 1

6分 解答▶別冊 *p.1*

下線部の発音が他の３つの場合と異なるものを，ア～エのうちから１つずつ選びなさい。

(1) ア warmth　イ urgent　ウ terminal　エ further

(2) ア damage　イ shake　ウ radar　エ stadium

(以上　倉敷中央看護専門学校)

(3) ア bird　イ burn　ウ early　エ pardon　(福島看護専門学校)

(4) ア blood　イ tool　ウ food　エ choose

(奈良県病院協会看護専門学校)

難 (5) ア innumerable　イ crucial　ウ subtle　エ prudent

(アール医療福祉専門学校・改)

(6) ア knight　イ library　ウ sight　エ signature

(石巻赤十字看護専門学校)

(7) ア home　イ social　ウ tour　エ boat

(岩手県立一関高等看護学院・岩手県立宮古高等看護学院・岩手県立二戸高等看護学院)

item 2

発音 (2)
-th- の発音と -s- の発音など

子音とは？

・子音とは母音以外の音を言います。子音の発音は，同じつづりで違う発音をするものが問われることが多い。日本人には区別しにくいものに，**-th-** や **-s-** / **-ss-** があります。

・**-th-** の発音→ [θ ス] と発音するものと [ð ズ] と発音するものがあります。
[θ] と [ð] の違いをペアで覚えるとわかりやすいです。

bath [bæθ / bɑːθ バス / バース] (風呂) → bathe [beið ベイズ] (入浴する)
breath [breθ ブレス] (呼吸) → breathe [briːð ブリーズ] (呼吸する)
north [nɔːrθ ノース] (北) → northern [nɔ́ːrðərn ノーザン] (北の) など

・**-s-** や **-ss-** の発音→ [s ス] と発音するものと [z ズ] と発音するものがあります。

loose [luːs ルース] (ゆるんだ)，closely [klóusli クロウスリィ] (注意深く)，
lose [luːz ルーズ] (〜をなくす)，news [n(j)uːz ニュー［ヌー］ズ] (ニュース) など

ケース 2 ★★★

下線部の発音が他の 3 つの場合と異なるものを，ア〜エのうちから 1 つずつ選びなさい。

(1) ア breath　イ thank　ウ smooth　エ through

(2) ア assist　イ scissors　ウ message　エ essence

処方せん

(1) ア breath [breθ ブレス] (呼吸)，イ thank [θæŋk サンク] (〜に感謝する)，ウ smooth [smuːð スムーズ] (なめらかな)，エ through [θruː スルー] (〜を通りぬけて)。ウのみ [ð] と発音する。

(2) ア assist [əsíst アスィスト] (〜を手伝う)，イ scissors [sízərz スィザズ] (はさみ)，ウ message [mésidʒ メセヂ] (伝言)，エ essence [ésns エスンス] (本質)。イのみ [z] と発音する。

解答 (1) ウ　(2) イ

ワンポイント　その他のよく出る子音の発音

・発音されない字［黙字］

〔doubt [daut ダウト]（～を疑う），comb [koum コウム]（くし）など〕

・-ch の発音　[tʃ チ]，[k ク]，[ʃ シ]

〔chalk [tʃɔːk チョーク]（チョーク），chemical [kémikəl ケミカル]（化学の），machine [məʃíːn マシーン]（機械）など〕

・-ed の発音　[d ド]，[t ト]，[id イド]

〔opened [óup(ə)nd オウプンド]（open の過去形・過去分詞形），looked [lukt ルックト]（look の過去形・過去分詞形），needed [níːdid ニーディド]（need の過去形・過去分詞形）など〕

・-gh　発音しないか [f フ] と発音

〔sight [sait サイト]（景色），enough [inʌ́f イナフ]（十分な）など〕

チェック 2　5分　解答▶別冊 p.1

下線部の発音が他の３つの場合と異なるものを，ア～エのうちから１つずつ選びなさい。

(1)　ア advise　イ resist　ウ pleasant　エ loose

（製鉄記念八幡看護専門学校）

(2)　ア bathe　イ both　ウ thirsty　エ thousand

（石巻赤十字看護専門学校）

(3)　ア bomb　イ climb　ウ exhibit　エ subtle

（気仙沼市立病院附属看護専門学校）

(4)　ア church　イ check　ウ beach　エ chorus

(5)　ア eight　イ bought　ウ weigh　エ laugh

(6)　ア caused　イ smelled　ウ showed　エ washed

（以上 奈良県病院協会看護専門学校）

item 3

アクセント
アクセントのルールを覚えよう

カタカナ語のアクセントの位置は？

・アクセントの問題では，「バイオリン」**violin** や「ホテル」**hotel** のようなカタカナ語になっている語がよく問われます。よく出るカタカナ語は何度も発音して覚えましょう。

［África（アフリカ），bálance（バランス），cálendar（カレンダー），dámage（ダメージ），guitár（ギター），hámburger（ハンバーガー），ímage（イメージ），ínterview（インタビュー），mánager（マネージャー），ólive（オリーブ），órchestra（オーケストラ），sándwich（サンドイッチ），tálent（タレント），vólleyball（バレーボール）など］

・アクセント問題でよく出る語も覚えておきましょう。

第1音節にアクセントのある語

〔áb-sent（不在の），éf-fort（努力），ín-jure（けがをさせる）など〕

第2音節にアクセントのある語

〔al-lów（許す），ne-gléct（無視する），in-tér-pret（通訳する）など〕

第3音節にアクセントのある語

〔ag-ri-cúl-tur-al（農業の），en-ter-táin（楽しませる），rec-om-ménd（推薦する）など〕

ケース 3 ★★★★★

最も強く読む部分の位置が他と異なるものを1つ選び，記号で答えなさい。

(1) ア en-er-gy　イ es-sen-tial
　ウ pho-to-graph　エ rel-a-tive

(2) ア ro-man-tic　イ pi-o-neer　ウ mu-si-cian　エ de-li-cious

処方せん

(1) ア én-er-gy（エネルギー），イ es-sén-tial（不可欠な），ウ phó-to-graph（写真），エ rél-a-tive（親せき）。イは第2音節を一番強く読む。他は第1音節を一番強く読む。

(2) ア ro-mán-tic（ロマンチックな），イ pi-o-néer（開拓者），ウ mu-sí-cian（音楽家），エ de-lí-cious（とてもおいしい）。イは第3音節を一番強く読む。他は第2音節を一番強く読む。語尾に -ee- がくる単語はその部分を強く読む。

解答　(1) イ　(2) イ

ワンポイント

アクセントの基本的なルール

アクセント問題でよく出る単語については，いくつかの基本的なルールを覚えておくと，知らない単語が出てきたときに推測ができる。

(1) 直前の母音にアクセントがある

- ・-ic / -ics や -ical で終わる単語→ e-co-nóm-ic（経済の），ec-o-nóm-ics（経済学），e-co-nóm-i-cal（経済的な）など
- ・-ity や -ion で終わる単語→ ne-cés-si-ty（必要），re-lí-gion（宗教）など
- ・-tion や -ian で終わる単語→ ác-tion（行動），po-li-tí-cian（政治家）など

(2) 2つ前の母音にアクセントがある

- ・-ate で終わる単語→ éd-u-cate（～を教育する），ác-cu-rate（正確な）など
- ・-ous で終わる単語→ dán-ge-rous（危険な），sé-ri-ous（重大な）など

(3) 特定のつづりにアクセントがある

- ・-oo(n) や -ee(r) がある単語→ ty-phóon（台風），en-gi-néer（技術者）(cóffee は例外)
- ・-ain や -ade がある単語→ com-pláin（不平を言う），pa-ráde（パレード）など

チェック 3　6分　解答▶別冊 *p.1*

最も強く読む部分の位置が他と異なるものを１つ選び，記号で答えなさい。

(1)　ア en-ter-tain　イ vol-un-teer　ウ in-tro-duce　エ ed-u-cate

(2)　ア im-age　イ as-pect　ウ vol-ume　エ pa-rade

（以上 製鉄記念八幡看護専門学校）

(3)　ア pi-o-neer　イ man-ag-er　ウ of-fi-cer　エ vis-i-tor

(4)　ア com-put-er　イ re-al-ize　ウ av-er-age　エ cam-er-a

（以上 岩手県立一関高等看護学院・岩手県立宮古高等看護学院・岩手県立二戸高等看護学院・改）

(5)　ア pas-sen-ger　イ bas-ket-ball　ウ com-pa-ny
エ cal-en-dar　オ dy-nam-ic

(6)　ア ob-vi-ous　イ sym-pa-thy　ウ de-vel-op　エ es-ti-mate
オ jour-nal-ism

（以上 イムス横浜国際看護専門学校）

(7)　ア ex-er-cise　イ sat-is-fy　ウ sen-si-tive　エ of-fi-cial

（東邦大学佐倉看護専門学校）

実戦テスト

解答▶別冊 *p.1*

1 下線部が同じ発音の単語を，ア～エから１つ選び，その記号を答えなさい。

(1) gravity　ア message　イ amazing　ウ familiar　エ actual
(2) recently　ア arena　イ expect　ウ mainly　エ weariness
(3) trousers　ア increase　イ philosophy　ウ raise　エ cease
(4) therefore　ア thought　イ although　ウ through　エ authority

（市立函館病院高等看護学院）

2 各組の中に１つだけ下線部の発音が異なる単語がある。ア～エの中から選び，記号で答えなさい。

(1) ア pattern　イ panda　ウ paste　エ panic
(2) ア king　イ knee　ウ kiss　エ killer
(3) ア go　イ boat　ウ know　エ shout
(4) ア bird　イ heart　ウ shirt　エ learn　（以上 広島厚生連尾道看護専門学校）
(5) ア called　イ loved　ウ needed　エ played

（岩手県立一関高等看護学院・岩手県立宮古高等看護学院・岩手県立二戸高等看護学院）

3 下線部で最も強く発音する音節の母音と同じ母音を持つ語を選び，記号で答えなさい。

(1) I hear a lot of electric wires were broken around there.
ア seat　イ dead　ウ fit　（呉共済病院看護専門学校）

(2) Have you ever been to the desert?
ア hear　イ heart　ウ certain　エ let

(3) I don't have enough money to buy the camera.
ア know　イ bought　ウ country　エ through　（以上 旭川荘厚生専門学院）

4 各組のア～エの単語の中で第２音節〔２番目〕を最も強く発音する語を選び，記号で答えなさい。

(1) ア cour-age　イ de-sire　ウ jeal-ous　エ sys-tem
(2) ア can-cer　イ man-age　ウ pre-vent　エ splen-did
(3) ア im-pa-tient　イ in-dus-try　ウ punc-tu-al　エ spe-cial-ist
(4) ア char-ac-ter　イ ex-cel-lent　ウ rec-og-nize　エ tra-di-tion
(5) ア au-to-mat-ic　イ ge-og-ra-phy　ウ in-de-pend-ent
エ in-tro-duc-tion

（新潟看護医療専門学校）

第2章

文法・語法編

これで合格

item 1

文構造（1）

英語は語順が命！

S+V, S+V+C とは？

・**S+V「S は V する」… S（主語）と V（動詞）のみで意味が完結する文**のことです。実際は，動詞の後ろに〈前置詞＋名詞〉のカタマリや副詞（M: 修飾語）が続くことが多いのですが，それらは文の要素にならないので，文の構造を考えるときには省いて考えましょう。

The cat came into the room through the window.
S V M
（ネコが窓から部屋に入ってきた）

・**S+V+C「S は C である」… S（主語）と V（動詞）の後ろに主語を説明する C（補語）が置かれる文**のことです。補語になるのは主に（代）名詞か形容詞です。**S と C は＝（イコール）の関係**になります。

My mother is a doctor.
S V C 〈S=C〉
（私の母は医者だ）

ケース 1 ★★★

日本語に合うように，空所に入る適切な語を下から選びなさい。

(1) 太陽は東から昇る。

The sun (　　) in the east.

ア rise　　イ rises　　ウ raise

(2) それは奇妙に聞こえるかもしれないが，本当だ。

It may sound (　　), but it is true.

ア strange　　イ strangely　　ウ strangeness

処方せん

(1) The sun rises in the east.
S V M

動詞の後ろに in the east という〈前置詞＋名詞〉のカタマリの修飾語句があるので，空所に入る動詞は，S+V の文型で使う動詞 rise「上がる」になる。主語がThe sun（単数）で現在の文なので，動詞は3人称単数形の -s がついている形を選ぶ。

(2) It may sound [strange], but it is true.
S　　V　　C

sound は「～に聞こえる」という意味をもち，S+V+C の文型で用いることができる。補語には，主語の様子や外観を表す形容詞が入る。イ strangely（奇妙に）とウ strangeness（奇妙）はそれぞれ副詞と名詞。

解答 (1) イ　(2) ア

ワンポイント

S+V+C でよく使われる動詞

S+V+C の文型でよく使われる動詞には次のようなものがある。

［**be 動詞**（～である），**keep**（ずっと～である），**remain**（～のままである），**seem**（～のようである），**look**（～のように見える），**feel**（～の感じがする），**taste**（～の味がする），**smell**（～のにおいがする），**sound**（～のように聞こえる），**become**（～になる），**get**（〔ある状態に〕なる），**grow**（～になる）　など］

His father **looks** young.（彼の父は若く見える）

I **got** very tired.（私はとても疲れた）

チェック 1　2分　解答▶別冊 *p.2*

次の文の空所に入る適切な語を下から選び，記号で答えなさい。

(1) You and I (　　) in the same class.
ア is　　イ do　　ウ are　　エ am　　（京都桂看護専門学校）

(2) He (　　) my favorite soccer player.
ア look　　イ are　　ウ is　　エ has　　（津山中央看護専門学校）

(3) As the proverb goes, good medicine (　　) bitter.
ア smells　　イ tastes　　ウ feels　　エ sounds　　（東邦大学佐倉看護専門学校）

item 2

文構造（2）

目的語の位置に注意

S+V+O, S+V+O+O, S+V+O+C とは？

・**S+V+O**「SはOをVする」…**SとVの後ろに動詞の動作の対象となるO（目的語）が置かれる文**のことです。

My mother sweeps the floor every day.（母は毎日床を掃く）
S V O M

・**S+V+O(人)＋O(もの)**「Sは O(人)に O(もの)を V する」…**S と V の後ろに O が 2 つ置かれる文**のことです。一般的に，最初の O には「人」が，後ろの O には「もの」がきます。

Ken gave me a nice hat.（ケンは私にすてきな帽子をくれた）
S V O(人) O(もの)

・**S+V+O+C**「S は O を C(の状態)にする」…**S と V の後ろに O と C が置かれる文**のことです。**O=C の関係**になります。S+V+O+C で使われる動詞の主なものは，**make**（O を C にする），**find**（O が C だとわかる），**call**（O を C と呼ぶ），**leave**（O を C のままにしておく） など。

My friends call me Tomo.（友人は私のことをトモと呼ぶ）
S V O C

ケース 2 ★★★★

日本語に合うように，空所に入る適切な語(句)を下から選びなさい。

(1) 私たちは貧困家庭の問題について話し合った。

We (　　) the problem of poor families.

ア discussed　イ discussed about　ウ discussed of

(2) 山本先生は私たちに日本史を教えている。

Mr. Yamamoto (　　) us Japanese history.

ア has　イ coaches　ウ teaches

(3) あなたはきっとこの本をおもしろいと思うでしょう。

I'm sure you will (　　) this book interesting.

ア see　イ find　ウ seem

処方せん

(1) We [discussed] the problem of poor families.
discuss「～について話し合う」は，後ろに目的語を置いて用いる動詞。「～について」の日本語から about や of をつけると間違い。

(2) Mr. Yamamoto [teaches] us Japanese history.
us（私たちに）と Japanese history（日本史）は＝（イコール）の関係にはならないので，S+V+O+O の文型で用いる動詞ウ teaches が考えられる。

(3) I'm sure you will [find] this book interesting.
this book と interesting に注目。this book＝interesting という関係が成り立つことから，S+V+O+C で用いることができる動詞を選ぶ。

解答　(1) ア　(2) ウ　(3) イ

ワンポイント

S+V+O+O ⇔ S+V+O+to [for]～ の書きかえ

S+V+O+O の目的語の語順は，ふつう〈O(人)+O(もの)〉だが，「もの」を表す目的語を前に置くことがある。その場合は，「人」を表す名詞の前に前置詞 **to** か **for** を置く。**to** を使う動詞…**give, lend, teach** ／ **for** を使う動詞…**buy, cook, find** など

My father gave me an English dictionary.
（父は私に英語の辞典をくれました）

→ My father gave an English dictionary **to** me.

チェック 2　3分　解答▶別冊 *p.2*

次の文の空所に入る適切な語を下から選び，記号で答えなさい。

(1) Please (　　) your hand if you have any questions.
ア rise　イ rose　ウ raise　エ risen

(2) David bought a new toy car (　　) his son yesterday.
ア to　イ in　ウ for　エ by　（以上 津山中央看護専門学校）

(3) The police officer (　　) me the way to the station.
ア said　イ spoke　ウ talked　エ told　（佐久総合病院看護専門学校）

(4) I'm feeling sad, so will you please leave me (　　)?
ア lonely　イ loneliness　ウ alone　エ lone
（東京山手メディカルセンター附属看護専門学校）

item 3 名詞
数えられる名詞と数えられない名詞

名詞とは？

・**名詞**…下に示したように5種類あり，「1つ〔1人〕・2つ〔2人〕」のように数えられる名詞〔可算名詞〕と数えられない名詞〔不可算名詞〕に分類できます。
普通名詞（apple, boy など），**集合名詞**（class, family など）…可算名詞
物質名詞（water, money など），**抽象名詞**（love, peace など），**固有名詞**（Japan, Ken など）…不可算名詞

・不可算名詞は複数形がなく，常に単数形で用います。物質名詞の量を漠然と表すときは **some**，**much**，**a little** などを名詞の前に置きます。一定の量を表すときは，個数・容器などを表す語句を前につけます。

［**a piece of ～**（1切れの～），**a sheet of ～**（1枚の～），**a cup of ～**（カップ1杯の～），
a glass of ～（コップ1杯の～），**a bottle of ～**（1びんの～）　など］

Please give me **a glass of** water.（水を1杯ください）

ケース 3　★★★★

日本語に合うように，空所に入る適切な語を下から選びなさい。

(1) この地域でフルタイムの仕事を見つけることは難しい。
It's difficult to find full-time (　　) in this area.
ア office　　イ offices　　ウ work　　エ works

(2) 私は1枚の紙に円を描いた。
I draw a circle on a (　　) of paper.
ア piece　　イ glass　　ウ pair

処方せん

(1) It's difficult to find full-time [work] in this area.
work は「仕事」の意味では不可算名詞なので，ウが正解。

(2) I draw a circle on a [piece] of paper.
paper「紙」の数を表す場合は，a piece of や a sheet of を使う。

解答　(1) ウ　(2) ア

注意すべき名詞

advice や homework など日本語の感覚では数えられるように思える名詞でも，英語では数えられないものがある。このような名詞には，**複数形がなく，a [an] をつけない**。数える必要があるときは a piece of ～などを使う。

advice（忠告），**homework**（宿題），**information**（情報），
news（ニュース），**furniture**（家具），
baggage [luggage]（荷物） など

A computer is an efficient means of processing **information**.
（コンピューターは情報を処理する効率的な手段です）

I bought **two pieces of furniture**.
（私は家具を 2 つ買った）

(×)an information
(×)informations

チェック 3　4分　解答▶別冊 *p.3*

次の文の空所に入る適切な語(句)を下から選び，記号で答えなさい。

(1) I will never forget your (　　).
ア advice　イ advices　ウ advise　エ advises　（川口市立看護専門学校）

(2) Could you give me (　　) about the nursing school?
ア an information　イ informations
ウ some information　エ some informations　（日鋼記念看護学校）

(3) There (　　) a lot of rain in Tsuruoka yesterday.
ア was　イ is　ウ were　エ are　（鶴岡市立荘内看護専門学校）

(4) I'm going to buy a (　　) of furniture at IKEA.
ア glass　イ slice　ウ piece　エ sheet　（津山中央看護専門学校）

(5) Would you have another (　　) of tea?
ア cup　イ piece　ウ sheet　（福島看護専門学校・改）

item 4

代名詞（1）

名詞の代わりをする

人称代名詞とは？

・**人称代名詞** … I, you, he, she, it などを言います。人称代名詞は，**主格 I**「私は」，**所有格 my**「私の」，**目的格 me**「私を」，**所有代名詞 mine**「私のもの」のように，**文中の働きによって形が変化します**。

・**所有代名詞** …「～のもの」という意味を表し，**〈所有格＋名詞〉と同じ働き**をします。

・**再帰代名詞** … **-self [-selves] のつく代名詞**を言います。「～自身」の意味を表したり，「自分で，～そのもの」の意味で前の名詞や代名詞を強調したりする場合に使われます。

下の表で確認しましょう。

	主格（～は〔が〕）	所有格（～の）	目的格（～を〔に〕）	所有代名詞（～のもの）	再帰代名詞（～自身）
単数形	I	my	me	mine	myself
複数形	we	our	us	ours	ourselves
単数形	you	your	you	yours	yourself
複数形	you	your	you	yours	yourselves
単数形	he	his	him	his	himself
単数形	she	her	her	hers	herself
単数形	it	its	it	――	itself
複数形	they	their	them	theirs	themselves

ケース 4 ★★★★★

日本語に合うように，空所に入る適切な語（句）を下から選びなさい。

(1) それらのラケットは彼のものですか。

Are those rackets (　　)?

ア he　イ him　ウ his

(2) 彼は，ジェーンに会うとすぐに自己紹介をした。

He introduced (　　) to Jane as soon as he saw her.

ア each other　イ me　ウ himself　エ myself

処方せん

(1) Are those rackets [his]?
「彼のもの」を表す所有代名詞ウ his を用いる。

(2) He introduced [himself] to Jane as soon as he saw her.
「自己紹介をする」という表現は,「自分自身を紹介する」ことであるから,「自分自身」を表す再帰代名詞ウ himself を使う。

解答 (1) ウ　(2) ウ

ワンポイント

a friend of yours の形

「あなたの友達」を表すのに,(×) *a your* friend や (×) *your a* friend とは言えない。所有格と **a** [**an**], **this** [**that**], **some**, **no** などを並べて使うことができないので, a friend of **yours** のように所有代名詞を用いる。

that hat of **yours** (あなたのあの帽子)

チェック 4 　4分　解答▶別冊 *p.3*

次の文の空所に入る適切な語を下から選び,記号で答えなさい。

(1) I can't agree with (　　) plan.
ア she　イ her　ウ hers　エ herself　(仁心看護学校)

(2) Please let (　　) know if you have any questions.
ア us　イ our　ウ ours　エ we　(島田市立看護専門学校)

(3) This is not my pen but (　　).
ア he　イ his　ウ him　エ himself　(富士吉田市立看護専門学校)

(4) Maggie Jane is an old friend of (　　).
ア I　イ me　ウ my　エ mine　(津山中央看護専門学校)

(5) Some of (　　) live in Sakata City.
ア we　イ our　ウ us　エ ours　(鶴岡市立荘内看護専門学校)

item 5

代名詞 (2)
くり返しを避ける

注意する代名詞の用法とは？

・**指示代名詞 that** [**複数は those**] は人やものを指す場合の他に，**前にある名詞のくり返しを避ける**場合に用います。that [those] of ～のように of ～を伴うことが多いです。

・**another**, **other** など … **another** は「もう１つ〔１人〕別のもの〔人〕」の意味を表します。**other** は「他の人〔もの〕」の意味を表し，前に the をつけたり複数形にしたりできます。other は，one や some と相関的に，次のような表現で用いられることがあります。

one ～, the other ... 「(２つのうち) １つ〔１人〕は～，残りの１つ〔１人〕は …」
one ～, the others ... 「(３つ以上のうちの) １つ〔１人〕は～，残りは全部 …」
some ～, others ... 「～もあれば，… もある」

Some people speak English in Canada, and others speak French.
(カナダでは，英語を話す人もいれば，フランス語を話す人もいる)

ケース 5 ★★★★★

日本語に合うように，空所に入る適切な語(句)を下から選びなさい。

(1) 東京の人口は，ニューヨークの人口よりもずっと多い。
The population of Tokyo is much larger than (　　).
ア that of New York　イ New York
ウ of New York　エ New York has

(2) ２人の兄のうち，１人は東京にいて，もう１人は故郷にいる。
One of my two brothers is in Tokyo and (　　) is at home.
ア other　イ the rest　ウ the other　エ another

処方せん

(1) The population of Tokyo is much larger than that of New York.
ここでの比較は「東京の人口」と「ニューヨークの人口」なので，名詞のくり返しを避ける that が必要。that は the population を指している。

(2) One of my two brothers is in Tokyo and the other is at home.

two brothers「2人の兄弟」とあり，そのうちの「1人」が東京にいることから，「残りの1人」を表現すればよいことがわかる。残った1人なのでtheをつけて，the otherとする。

解答 (1) ア (2) ウ

ワンポイント

代名詞oneとit

反復を表す代名詞は，thatやthoseの他にoneとitがある。

oneは，前の名詞に対して「同じ種類で別のもの」を表す〔前の名詞が複数なら**ones**〕。**it**は「まさにそのもの」を表す。

I need a pencil. Do you have **one**?
=a pencil
(私は鉛筆が必要だ。あなたは鉛筆を持っていますか)

This is my new car. I bought **it** last week.
=my new car
(これは私の新しい車だ。私はそれを先週購入した)

チェック 5 3分 解答▶別冊 *p.3*

次の文の空所に入る適切な語(句)を下から選び，記号で答えなさい。

(1) Our climate is milder than ( ) of Africa.
ア those イ it ウ this エ that

(2) Seven out of ten men can drive; ( ) cannot.
ア someone イ another ウ the other エ the others
(以上 奈良県病院協会看護専門学校)

(3) He lost his umbrella and thought he should buy ( ).
ア another イ it ウ that エ the other (富山市立看護専門学校)

(4) Some people believe in ghosts and ( ) do not.
ア other イ others ウ the other エ another
(王子総合病院附属看護専門学校)

(5) I have two bikes. One is red and ( ) is black.
ア the ones イ the other ウ the another エ others
(京都桂看護専門学校)

item 6

代名詞（3）
形容詞の働きをもつ代名詞

形容詞と代名詞の見分け方は？

・**some / any** …「いくつかの（数），いくらかの（量）」の意味で，代名詞や形容詞として使われます。ふつう some は肯定文，any は疑問文や否定文に用います。

Are there any questions?（何か質問はありますか）　［疑問文］

・**both / all** … both は 2 人の人・2 つのものについて「両方とも」の意味で，all は「すべて」の意味で用いられます。代名詞や形容詞として使われます。

All of my friends are baseball fans.（私の友達はみんな野球ファンです）

・**each / every** … each は 2 人以上の人，2 つ以上のものについて「それぞれ」の意味で，代名詞としても形容詞としても用いられます。every は「すべての」の意味で，形容詞としてのみ用いられます。

Each of the students has an English-Japanese dictionary.
（生徒たちはそれぞれ英和辞典を持っている）

・**either / neither** … either は「（2 人〔2 つ〕のうちの）どちらか」の意味で用いられます。neither は either の否定形で「（2 つのうち）どちらもない」の意味で用いられます。形容詞としても代名詞としても用いられます。

Do you know either of the boys?（あなたはその少年たちのどちらかを知っていますか）
I know neither of the boys.（私はその少年たちのどちらも知りません）

ケース 6　★★★★

日本語に合うように，空所に入る適切な語（句）を下から選びなさい。

(1) 4 人の学生のそれぞれが国際交流プログラムに参加した。

(　　) of the four students took part in the international exchange program.

ア Both　イ Each　ウ All　エ Every

(2) あなたはこれら 2 冊の本をどちらも手に入れられない。

You can't have (　　) of these two books.

ア either　イ all　ウ none　エ nor

処方せん

(1) Each of the four students took part in the international exchange program.

イ Each は「それぞれ」の意味で，代名詞としても形容詞としても用いられる。エの Every には代名詞の用法はない。

(2) You can't have either of these two books.

not ～ either で「どちらも～ない」の意味になる。

解答 (1) イ (2) ア

ワンポイント

something など

some, any, no の後ろに -thing や -one [-body] を続けて，**something**（何か），**anything**（何か），**nothing**（何もない），**someone**（誰か），**anyone**（誰か）などの代名詞をつくることができる。

There is **nothing** in this box.（この箱には何も入っていない）

Don't tell **anyone**.（誰にも言わないで）

チェック 6 4分 解答▶別冊 *p.4*

次の文の空所に入る適切な語(句)を下から選び，記号で答えなさい。

(1) ( ) room in the hospital was filled with patients.

ア Every　イ Some　ウ All　エ More　(イムス横浜国際看護専門学校・改)

(2) ( ) parents will come to a hospital next Friday.

ア Both his of　イ Both his　ウ His both

エ His both of　オ Both for his　(イムス横浜国際看護専門学校)

(3) You can have ( ) one, but not both.

ア every　イ either　ウ neither　エ all

(北海道立旭川高等看護学院・北海道立紋別高等看護学院・北海道立江差高等看護学院)

難 (4) The beautiful bags were given to ( ) who attended the parade; everyone was happy to get them.

ア most　イ none　ウ all　(石川県立総合看護専門学校)

(5) That has ( ) to do with me.

ア never　イ no　ウ not　エ nothing　(日本大学医学部附属看護専門学校)

item 7

形容詞・副詞

文を豊かにする語

形容詞と副詞の働きは？

・**形容詞** … **名詞を説明する語**です。good boys の good のように，後ろの名詞（boys）を説明したり，S+V+C や S+V+O+C の文型の C（補語）の位置に置いて，主語や目的語を説明したりします。

This bicycle is old.（この自転車は古い）
S = C

・**副詞** … **動詞や形容詞など名詞以外の語を説明します**。動詞を説明するときは，ふつう〈動詞（＋目的語）〉の後ろに置き，動詞以外の語を説明するときはその語の前に置きます。

She is very kind.（彼女はとても親切です）

ケース 7 ★★★

日本語に合うように，空所に入る適切な語（句）を下から選びなさい。

(1) このトマトスープはおいしいですか。

Does this tomato soup (　　)?

ア drink good　　イ drink well
ウ taste good　　エ taste well

(2) 私は来年留学をしたいと思っている。

I want to study (　　) next year.

ア to the abroad　　イ abroad　　ウ to abroad

処方せん

(1) Does this tomato soup taste good?
taste は，後ろに C となる形容詞を置いて，「〜の味がする」という意味で用いることができる動詞。well は，「上手に，よく」という意味の副詞。

(2) I want to study abroad next year.
abroad は「外国に」という意味の副詞なので，前置詞の to や冠詞の the を前に置けない。study abroad「海外で勉強する」とカタマリで覚えておこう。

解答 (1) ウ　(2) イ

ワンポイント

形容詞＋-ly＝副詞

・形容詞の語尾に -ly をつけると，副詞になるものが多い。

kind（親切な）→ kindly（親切に），careful（注意深い）→ carefully（注意深く）

※ friendly（親しみのある），lovely（かわいらしい），lonely（寂しい）は，-ly がついているが形容詞なので，副詞と間違わないよう注意が必要。

・形容詞と同じ形の副詞に -ly がつくと，意味が異なるものがある。

- hard ｛（難しい）[形容詞] ／（一生懸命に）[副詞]｝→ hardly（ほとんど～ない）
- late ｛（遅い）[形容詞] ／（遅く）[副詞]｝→ lately（最近）
- most ｛（最も多くの）[形容詞] ／（最も）[副詞]｝→ mostly（たいていは）　など

He works **hard**.（彼は一生懸命働く）
He **hardly** works.（彼はほとんど働かない）

チェック 7　4分　解答▶別冊 *p.4*

次の文の空所に入る適切な語を下から選び，記号で答えなさい。

(1) Sleeping is (　　).

ア importance　イ important　ウ import　エ imported

（仁心看護専門学校）

(2) She seemed (　　) after having watched the movie.

ア happily　イ happy　ウ happiness　エ happen

（石巻赤十字看護専門学校）

(3) I've not been feeling very well (　　).

ア late　イ lately　ウ later　エ latter

（九州中央リハビリテーション学院）

(4) It was raining so hard that I could (　　) walk.

ア hardly　イ seldom　ウ rarely　エ almost　オ nearly

（藤沢市立看護専門学校）

(5) It is snowing very (　　), and the roads are already becoming difficult to drive on.

ア hard　イ hardly　ウ well　エ really

（市立室蘭看護専門学院）

item 8

数量形容詞
数量を表す形容詞を覚えよう

数量形容詞とは？

・**数量形容詞** … 英語では，「たくさんの子どもたち」は many children と言いますが，「たくさんのお金」と言うときには much money となります。同じ「たくさんの」という表現でも，後ろに続く名詞が可算名詞か不可算名詞かによって使い分ける必要があります。

［可算名詞の場合 … **many**（たくさんの，多数の）/ **some**（いくつかの）/ **a few**（少しの，2～3の）/ **few**（ほとんどない）］

[many] apples（たくさんのリンゴ），[some] pencils（何本かの鉛筆），[a few] books（2～3冊の本）

［不可算名詞の場合 … **much**（たくさんの，多量の）/ **some**（ある量の）/ **a little**（少しの，少量の）/ **little**（ほとんどない）］

[much] rain（多量の雨），[some] water（いくらかの水），[a little] time（少しの時間）

・**few** と **little** は**「ほとんどない」という否定的な意味になる点に注意しましょう。**

There are [few] mistakes in this report.

（このレポートには間違いがほとんどない）

There is [little] milk in the glass.（コップにはほとんどミルクがない）

ケース 8 ★★★★★

日本語に合うように，空所に入る適切な語(句)を下から選びなさい。

(1) 私はお金を少し持っています。あなたに飲み物を買ってあげましょう。

I have (　　) money.　I'll buy you a drink.

ア many　　イ a little　　ウ a few

(2) 公園にはたくさんの人がいる。

There are (　　) people in the park.

ア a lot　　イ a lot of　　ウ much

処方せん

(1) I have [a little] money.　I'll buy you a drink.

money は不可算名詞。不可算名詞とともに使う語(句)はイのみ。

(2) There are [a lot of] people in the park.

people は「人々」の意味で複数扱いする可算名詞。そのためウ much は使えない。a lot of[lots of] は不可算名詞にも可算名詞にも使うことができる。

解答 (1) イ　(2) イ

ワンポイント

「たくさんの」の意味をもつ語句

「たくさんの」という表現はいくつかある。後ろに続く名詞によって使い分けよう。

・可算名詞につくもの…**a great [large] number of ～**

a great number of boys（たくさんの少年）

・不可算名詞につくもの…**a large amount of ～**, **a great deal of ～**

a large amount of money（たくさんのお金）

チェック 8　6分　解答▶別冊 *p.4*

次の文の空所に入る適切な語(句)を下から選び，記号で答えなさい。

(1) May I ask you (　　) questions?

ア few　　イ a few　　ウ little　　エ a little　　(新潟県厚生連佐渡看護専門学校)

(2) Taking too (　　) salt is not good for your health.

ア many　　イ much　　ウ plenty of　　(愛仁会看護助産専門学校)

(3) My father went to Tokyo on business yesterday. He'll be there for a (　　) days.

ア little　　イ few　　ウ some　　エ short　　(戸田中央看護専門学校)

(4) I am going to bake a cake but there are (　　) eggs in the refrigerator.

ア a little　　イ little　　ウ a few　　エ few　　(王子総合病院附属看護専門学校)

(5) Hurry up. There's (　　) time left for us to catch the last train.

ア few　　イ a few　　ウ little　　エ much

(東京山手メディカルセンター附属看護専門学校・改)

(6) Mary is not famous. (　　) people know about her.

ア Few　　イ Many　　ウ Much　　エ Little　　(富士吉田市立看護専門学校)

(7) We had (　　) rain last month.

ア any　　イ a few　　ウ much　　エ many　　(名古屋市医師会看護専門学校)

item 9

時制（1）

現在形は「今」のことだけを指すわけではない

現在と過去と未来を表す形は？

・**現在形** … 動詞の現在形〔3人称単数の場合は語尾に -(e)s をつける〕を使い，**「現在の状態」**や，**「習慣やくり返し行われる動作」**を表します。every day（毎日），always（いつも），usually（ふつうは）などとともによく用いられます。

My father *always* takes a walk before breakfast.（父はいつも朝食前に散歩をします）

・**過去形** … **「過去の動作や状態」**や，**「過去のある期間にわたってくり返し行われた動作」**を表します。過去のことは**動詞の過去形**を使って表します。

過去を表す語句…yesterday（昨日），～ ago（～前），last ～（前の～） など

・**未来を表す表現** … **〈will＋動詞の原形〉**，または**〈be 動詞＋going to＋動詞の原形〉**を用いて，未来や将来に向けての予測や計画などを表します。

ケース 9 ★★★★

日本語に合うように，空所に入る適切な語(句)を下から選びなさい。

(1) 私はお茶が好きではないので，朝食にはふつうコーヒーを飲む。

I don't like tea, so I (　　) coffee for breakfast.

ア usually drink　　イ am usually drinking

ウ have usually drunk

(2) ロバートは昨夜私に電話してきた。 Robert (　　) me last night.

ア calls　イ called　ウ will call　エ call

処方せん

(1) I don't like tea, so I usually drink coffee for breakfast.

後半部分で，「朝食にはふつうコーヒーを飲む」と書かれているので，現在において習慣的に行われる行動だと考える。現在形のアが適切。

(2) Robert called me last night.

過去を表す last night（昨夜）があるので，動詞は過去形のイ called を選ぶ。

解答 (1) ア (2) イ

ワンポイント

未来のことを現在形で表す

if+S+V「もしSが～したら」やwhen+S+V「Sが～するとき」のような「条件」や「時」を表す副詞節の中では，未来の内容も現在形で表す。

ifとwhen以外で未来のことを現在形で表すものは，他に次のようなものがある。

after+S+V「Sが～した後」，**before+S+V**「Sが～する前」，
as soon as+S+V　「Sが～するとすぐに」，
until [till]+S+V　「Sが～するまで」，
by the time+S+V「Sが～するときまでに」

I will send a map by fax **by the time** you **get** home.
(×) *will get*
（あなたが家に着くまでに，地図をファックスで送ります）

チェック 9 6分 解答▶別冊 *p.5*

次の文の空所に入る適切な語(句)を下から選び，記号で答えなさい。

(1) Every morning, I (　　) for about 30 minutes and burn about 200 calories.
ア walked　イ have walked　ウ am walking　エ walk
（香里ヶ丘看護専門学校）

(2) My sister (　　) a new computer online.
ア buying　イ buy　ウ bought　エ buyer　（仁心看護専門学校・改）

(3) I (　　) him at the shop three days ago.
ア see　イ saw　ウ have seen　エ am seeing
（福岡国際医療福祉学院）

(4) Mary and her friends (　　) going to play tennis this afternoon.
ア was　イ am　ウ is　エ are　（名古屋市医師会看護専門学校）

(5) It will (　　) fine this afternoon.
ア be　イ is　ウ was　エ being　（PL学園衛生看護専門学校）

(6) The picnic will be canceled if it (　　) tomorrow.
ア rains　イ will rain　ウ is going to rain　エ have rained
（日鋼記念看護学校）

(7) We should wait until he (　　).
ア gets better　イ will get better
ウ may get better　エ will be getting better　（更生看護専門学校）

item 10

時制（2）

動作が進行していることを表す

進行形とは？

・**現在進行形** …〈**am**[**is** / **are**]+**-ing**〉の形で「**現在の動作が進行中である**」ことを表します。「～しているところだ」という日本語になります。

・**過去進行形** …〈**was**[**were**]+**-ing**〉の形で「**過去の動作が進行中である**」ことを表します。「～しているところだった」の意味になります。**be 動詞を was**[**were**] にして過去形を表します。

・**進行形の疑問文・否定文** … 疑問文や否定文の作り方は，be 動詞の場合と同じルールで，疑問文は〈**Be 動詞+S+-ing?**〉，否定文は〈**be 動詞+not+-ing**〉となります。

[Were] you [reading] a book then?　　　　［疑問文］
（あなたはそのとき本を読んでいましたか）

I [wasn't reading] a book then.　　　　［否定文］
（私はそのとき本を読んでいませんでした）

ケース 10　★★★★★

日本語に合うように，空所に入る適切な語(句)を下から選びなさい。

(1) あの大きな音の音楽を小さくしてくれませんか。赤ちゃんが眠っています。
Will you turn down that loud music? The baby (　　).
ア sleeps　　イ is sleeping　　ウ sleeping

(2) 友達が到着したときに私は部屋の掃除をしていた。
I (　　) the room when my friends arrived.
ア was cleaning　　イ cleaned　　ウ clean

処方せん

(1) Will you turn down that loud music? The baby [is sleeping].
Will you ～？の内容から，「赤ちゃんが眠っている」のは，「今（この瞬間）」であると考えることができる。現在進行形のイ is sleeping を選ぶ。

(2) I [was cleaning] the room when my friends arrived.

「友達が到着した」のは，「私が部屋を掃除していたとき」なので，過去の動作の進行を表す過去進行形を選ぶ。

解答 (1) イ　(2) ア

ワンポイント

進行形にならない動詞

進行形はふつう「動作の進行や継続」を表すので，「状態」を表す **have** (もっている)や **belong** (属する)，**resemble** (似ている)，**know** (知っている)，**love** (愛している)などは進行形にはならない。

The famous actor **has** three cars.
(×) *is having*
(その有名な俳優は3台の車をもっている)

チェック 10　5分　解答▶別冊 p.5

次の文の空所に入る適切な語(句)または文を下から選び，記号で答えなさい。

(1) Please be quiet. (　　)
ア I am working.　イ I work.　ウ I worked.　エ I will work.
(香里ヶ丘看護専門学校)

難 (2) All the fish (　　) toward the girl putting food into the aquarium.
ア swims　イ is swimming　ウ are swimming　エ swimming
(宝塚市立看護専門学校)

(3) My mother (　　) dinner when I came home.
ア cook　イ cooks　ウ was cooking　エ has cooked
(倉敷中央看護専門学校)

(4) I (　　) a bath when the telephone rang.
ア take　イ took　ウ is taking　エ was taking
(九州中央リハビリテーション学院)

(5) He (　　) to the tennis club in his youth.
ア has belonged　イ belonged　ウ was belonging　エ is belonging
(岩手県立一関高等看護学院・岩手県立宮古高等看護学院・岩手県立二戸高等看護学院)

(6) I (　　) someone who lives in Paris.
ア know　イ am knowing　ウ knew　エ was knowing
(日鋼記念看護学校)

item 11

現在完了形 (1)

過去に始まった動作や状態の現在までのつながりを表す

現在完了形とは？

・**現在完了形** … **〈have [has] + 過去分詞〉** の形で，**過去の動作や状態が現在までつながっていること**を示します。**「経験」「完了・結果」「状態の継続」**を表します。現在完了の疑問文は，**〈Have [Has] + S + 過去分詞 ～？〉**，否定文は **〈have [has] not / haven't [hasn't] + 過去分詞〉** です。

Have you *ever* eaten sushi?　［疑問文］
（あなたはお寿司を食べたことがありますか）

I haven't stayed at this hotel *before*.　［否定文］
（私は以前このホテルに滞在したことはありません）

・**「～したことがある」**と**「経験」**を表す場合は，once（一度），twice（二度），～times（～回），often（しばしば），before（以前に），never（決して～ない），ever（かつて）などの語とともに用いられます。

My husband and I have visited Europe *several times*.
（夫と私は，ヨーロッパを数回訪れたことがあります）

・**「(すでに) ～してしまった」**と**「完了・結果」**を表す場合は，already（もう，すでに），just（ちょうど），yet（もう～［疑問文］，まだ～ない［否定文］）などの語とともに用いられます。

Have you written the letter *yet*?
（あなたはもう手紙を書き終えましたか）

ケース 11　★★★★★

日本語に合うように，空所に入る適切な語を下から選びなさい。

(1) これまでに何回その映画を見たことがありますか。

How many times (　　) you (　　) the movie?

ア have / watch　　イ have / watched　　ウ did / watched

(2) 私はもうレポートを終えているので，寝ることができる。

I can go to bed because I have (　　) finished my report.

ア yet　　イ already　　ウ ever

処方せん

(1) How many times [have] you [watched] the movie?

How many timesは「何回」という回数をたずねる表現。「経験」を表す。現在完了形のイを選ぶ。

(2) I can go to bed because I have [already] finished my report.

〈have already＋過去分詞〉で「もう(すでに)～した」と「完了」を表す。ア yetは肯定文では用いない。

解答 (1) イ　(2) イ

ワンポイント

have been to ～とhave gone to ～

have been to ～は「経験」や「完了」の意味を表す。どちらの意味かは～timesやyetのような語句から判断する。

have been to ～ ｛「～へ行ったことがある」　[経験]
「～へ行ってきたところだ」　[完了]｝

have gone to ～は「完了」を表す。

have gone to ～「～へ行ってしまった」　[完了]

He **has been to** China *three times*. (彼は中国へ3回行ったことがある)

He **has gone to** China. (彼は中国に行ってしまった)

チェック 11　3分　解答▶別冊 *p.5*

次の文の空所に入る適切な語(句)を下から選び，記号で答えなさい。

(1) (　　) you ever stayed at this hotel?

ア Were　イ Have　ウ Did　エ Do　(ハートランドしぎさん看護専門学校)

(2) My sister has (　　) to Paris. She will be back in a few days.

ア gone　イ been　ウ was going　(市立室蘭看護専門学院)

難 (3) The price (　　), but I doubt whether it will remain so.

ア will go down　イ has gone down　ウ was going down

(石川県立総合看護専門学校)

(4) Even though I (A) spent two years in the US, I've never (B) to the Grand Canyon. Maybe I'll go next year.

ア A: ever　B: been　イ A: ever　B: visited

ウ A: once　B: been　エ A: once　B: visited　(新潟看護医療専門学校)

item 12 現在完了形（2）
「ずっと〜している」を表す表現

現在完了形の継続用法とは？

・**「(ずっと) 〜している」**と過去に始まった状態がまだ**「継続」している**ことを表す場合は，for（〜の間）や since（〜から），How long 〜？（どのくらい〜?）などの語句とともに使われます。

I [have lived] in Fukuoka *for* ten years.
（私は福岡に10年間住んでいる）

・**動作の継続**を表す場合は，**現在完了進行形〈have [has] been＋-ing〉**を用います。

She [has been talking] for more than an hour.
（彼女は１時間以上話しています）

ケース 12 ★★★★★

日本語に合うように，空所に入る適切な語(句)を下から選びなさい。

(1) なんて忙しい日なんだ！　私は今朝から何も食べていない。

What a busy day! I (　　) anything to eat since this morning.

ア hadn't　イ haven't　ウ haven't had　エ won't have

(2) 私はあなたを１時間以上待っている。

I (　　) for you for over an hour.

ア have waiting　イ am waiting
ウ have been waiting　エ have been waited

処方せん

(1) What a busy day! I [haven't had] anything to eat since this morning.
since 〜「〜から」に注目。ウ haven't had の had は，「食べる」という意味の動詞 have の過去分詞形。

(2) I [have been waiting] for you for over an hour.
for 〜「〜の間」とあることから，完了形にする。wait という動詞が「動作」を表すので，ウ have been waiting〔現在完了進行形〕が用いられる。

解答 (1) ウ　(2) ウ

ワンポイント

現在完了形「継続」と現在完了進行形の使い分け

現在完了形の「継続」と完了進行形の使い分けができないという人が多いので説明しよう。

動作を表す動詞を用いて継続の意味を表す場合は，現在完了進行形にする。

She **has been taking** piano lesson for five years.
（彼女は5年間ピアノのレッスンを受けている）

現在完了進行形は進行形なので，ふつう「状態」を表す動詞（*p.35*）は用いない。

（○）We **have known** him for many years.

（×）We *have been knowing* him for many years.
（私たちは何年もの間彼を知っている）

チェック 12 5分 解答▶別冊 *p.6*

次の文の空所に入る適切な語(句)を下から選び，記号で答えなさい。

(1) Ever since they first met at the sports festival, Pat and Pam (　　) each other.

ア are e-mailing　イ e-mailed　ウ have been e-mailing　エ will e-mail
（新潟看護医療専門学校）

(2) He (　　) the book for hours.

ア reads　イ is reading
ウ has been reading　エ had been read
（一宮市立中央看護専門学校）

(3) I (　　) in China for five years when I was a child, but I can't speak Chinese.

ア had lived　イ have been living　ウ lived
（愛仁会看護助産専門学校・改）

(4) Two hours have passed since I (　　) math.

ア studied　イ study　ウ have studied　エ had studied
（尾道市医師会看護専門学校）

(5) Susan and I (　　) each other since childhood.

ア have been knowing　イ have known　ウ are known
（市立室蘭看護専門学院）

(6) It (　　) rainy since last month.

ア is　イ was　ウ has been　エ had been
（鶴岡市立荘内看護専門学校）

item 13

過去完了形・未来完了形

視点を過去と未来にずらして考える

過去完了形・未来完了形とは？

・**過去完了形** …〈**had＋過去分詞**〉の形で，**過去のある時点までの「経験」「完了・結果」，「状態の継続」**を表します。

I had finished lunch when my mother came home.
（母が家に帰ったとき，私は昼食を終えていた）

・**未来完了形** …〈**will have＋過去分詞**〉の形で，**未来のある時点までの「経験」「完了・結果」「状態の継続」**を表します。

They will have reached the top of Mt. Everest by the end of this month.
（彼らは今月末までにエベレスト山に登頂しているだろう）

ケース 13 ★★★★★

日本語に合うように，空所に入る適切な語（句）を下から選びなさい。

(1) 私が球場に着いたときには，もう試合は始まっていた。

The game (　　) already (　　) when I reached the stadium.

ア has / started　　イ did / started　　ウ had / started

(2) 来月の終わりには，彼はここに10年間いることになる。

By the end of next month he (　　) been here for ten years.

ア will have　　イ will has　　ウ has lived

処方せん

(1) The game had already started when I reached the stadium.
「私が球場に着いたとき」が基準になって，それよりも前に「すでに試合は始まっていた」という過去完了形の「完了」を表す。

(2) By the end of next month he will have been here for ten years.
「来月の終わりまでに」が基準になって，「〔そのときまでに〕ここに10年間いることになるだろう」という未来完了形の「状態の継続」を表す。

解答　(1) ウ　(2) ア

ワンポイント

大過去

過去完了形は，「経験」「完了・結果」「状態の継続」を表す用法の他に，過去の「ある時」よりさらに前に起こったことを表すことがある。これを「大過去」と呼ぶ。次の例文で確認しよう。

I **lost** the watch which my father **had given** to me.
（私は父がくれた時計をなくした）

「父が私に時計をくれた」のは，「私がその時計をなくした」ときよりも前のことである。このように「過去のある時」より前のことを表す場合にも，過去完了形は用いられる。

チェック 13 5分 解答▶別冊 *p.6*

次の文の空所に入る適切な語(句)を下から選び，記号で答えなさい。

(1) When I saw them, they (　　) nothing for three days.
ア have eaten　イ had eaten　ウ ate　エ eat
（気仙沼市立病院附属看護専門学校）

(2) My brother found that he (　　) his key somewhere.
ア lost　イ loses　ウ would lose　エ had lost
（新潟県厚生連佐渡看護専門学校）

(3) When he arrived there, the meeting (　　).
ア already began　イ has already begun　ウ had already begun
（福島看護専門学校）

(4) Grace (　　) to Paris twice already, so last year she went to Rome instead.
ア went　イ had been　ウ have been　エ would go
（宝塚市立看護専門学校）

(5) They (　　) all the furniture by next month.
ア sold　イ have sold　ウ will have sold　（館林高等看護学院）

(6) Next Sunday is our wedding anniversary. We (　　) married for fifty years.
ア had been　イ are　ウ will have been　エ will
（岐阜県立衛生専門学校・岐阜県立多治見看護専門学校・岐阜県立下呂看護専門学校）

item 14

助動詞（1）

動詞に意味を加える働きをする

助動詞の働きは？

・**助動詞**は〈助動詞＋動詞の原形〉の形で，動詞にいろいろな意味をつけ加える働きをします。can / may / must の基本的な意味（①）とともに，入試によく出る意味（②）を確認しておきましょう。

can …①「～できる」[＝be able to]（能力） ②「～する可能性がある」（推量）

can の否定形 **can't** [**cannot**]…①「～することができない」 ②「～のはずがない」

may…①「～してもよい」（許可） ②「～するかもしれない」（推量）

must…①「～しなければならない」[＝have to]（義務） ②「～にちがいない」（推量）

・**助動詞の疑問文・否定文** … 疑問文は〈助動詞＋S＋動詞の原形～？〉，否定文は〈助動詞＋not＋動詞の原形〉の語順になります。

Can you swim?（あなたは泳げますか） [疑問文]

I can't [cannot] swim.（私は泳げません） [否定文]

ケース 14 ★★★★

日本語に合うように，空所に入る適切な語(句)を下から選びなさい。

(1) 彼女は30歳を超えているはずがない。彼女は20代にちがいない。

She (　　) be over thirty; she must be in her twenties.

ア may　イ must　ウ oughtn't　エ can't

(2) 大雨でその電車は時間通りに来ないかもしれない。

The train (　　) not come on time because of the heavy rain.

ア has to　イ can　ウ must　エ may

処方せん

(1) She can't be over thirty; she must be in her twenties.

後半部分の「20代にちがいない」から，「30歳を超えている可能性はない」の意味を表すエ can't を選ぶ。

(2) The train may not come on time because of the heavy rain.

「～かもしれない」と推量を表すエ may を選ぶ。

解答 (1) エ (2) エ

ワンポイント

must not ≠ don't have to

must と have to はどちらも「〜しなければならない」の意味だが，must not と don't have to は意味が異なるので注意しよう。

・must not「〜してはいけない」

You **must not** run in the room.
（部屋の中で走ってはいけません）

・don't have to「〜する必要はない」

You **don't have to** go to school today.
（今日は学校へ行く必要はありません）

チェック 14 4分 解答▶別冊 *p.6*

次の文の空所に入る適切な語(句)を下から選び，記号で答えなさい。

(1) A: (　　) I open the door?
B: Sure.　It's hot here.
ア May　　イ Do　　ウ Have　　エ Am
（名古屋市医師会看護専門学校）

(2) Our baby will (　　) walk in a few weeks.
ア be　　イ can　　ウ able to　　エ be able to
（岩手県立一関高等看護学院・岩手県立宮古高等看護学院・岩手県立二戸高等看護学院）

(3) My aunt fell down and broke her hip.　I (　　) her to the hospital soon, so I won't come to the party tonight.
ア have taken　　イ will have taken　　ウ take　　エ have to take
（佐久総合病院看護専門学校）

(4) That bird (　　) an eagle.　It's much too small.
ア must not be　　イ won't be
ウ doesn't have to be　　エ can't be
（北海道立旭川高等看護学院・北海道立紋別高等看護学院・北海道立江差高等看護学院）

(5) A: Do you know the old saying, "An apple a day keeps the doctor away"?
B: Yes.　An apple is a healthy fruit, so it means if you keep eating it every day, you (　　) go to see a doctor.
ア shouldn't　　イ must　　ウ had better　　エ don't have to
（岡波看護専門学校）

item 15

助動詞（2）

2語以上の助動詞はnotを入れる場所に注意

その他の助動詞の意味は？

・**will**…「～するつもりだ」（強い意志），「～するだろう」［＝be going to］

・**would**…「（以前は）よく～したものだ」（過去の習慣）

・**used to**…「～するのが常だった」（過去の習慣），「以前は～だった」（過去の状態）
used toはwouldと違って，過去と対比して「現在は違う」という意味を含みます。また，wouldは過去の状態を表す場合には使われません。

・**should**［**ought to**］…「～するべきだ」。ought toもほぼ同じ意味になります。
ought toの否定形は**ought not to**になる点に気をつけましょう。

・**had better**…〈**had better＋動詞の原形**〉「～したほうがよい」と忠告するときに用います。否定形は，〈**had better not＋動詞の原形**〉。notの位置に注意しましょう。

ケース15 ★★★★

日本語に合うように，空所に入る適切な語（句）を下から選びなさい。

(1) ニューヨークにいたとき，私はよくテニスをしたものだ。
When I was in New York, I (　　) often play tennis.
ア ought to　イ might　ウ would　エ used

(2) 本当に激しい雨だ。今外出しないほうがいいよ。
This is a really heavy shower. You (　　) go out now.
ア had not better　イ would not often
ウ had better not　エ would often

処方せん

(1) When I was in New York, I [would] often play tennis.
過去の習慣を表すwouldは，oftenやsometimesなどの頻度を表す語とともによく使われる。

(2) This is a really heavy shower. You [had better not] go out now.
「～しないほうがよい」はhad betterの否定形had better notを用いる。

解答 (1) ウ (2) ウ

助動詞を含む慣用表現

Will you＋動詞の原形 ～?　「～してもらえませんか」　［依頼］

Would you＋動詞の原形 ～?　「～していただけませんか」　［依頼］

〈Would you＋動詞の原形 ～?〉は〈Will you＋動詞の原形 ～?〉より丁寧な表現になる。

Shall I＋動詞の原形 ～?　「(私が) ～しましょうか」　［提案］

Shall we＋動詞の原形 ～?　「(いっしょに) ～しましょうか」　［提案］

Will you come and join us?
(私たちといっしょに来て参加してもらえませんか)

Shall I open the window?
(窓を開けましょうか)

Shall we go?
(いっしょに行きませんか)

「依頼する」ときと,「提案する」ときの表現の違いに注意が必要だよ。

チェック 15　5分　解答▶別冊 *p.7*

次の文の空所に入る適切な語(句)を下から選び，記号で答えなさい。

(1) When I was a boy, I (　　) take a walk along the river.
ア will used　イ would often　ウ am used to　エ used to be
(大川看護福祉専門学校)

(2) The judge is quite fair. You (　　) complain.
ア ought not　イ ought not to　ウ ought to not　エ don't ought to
(磐城共立高等看護学院)

(3) There (　　) be a supermarket here before I moved.
ア used to　イ would　ウ ought to　エ should
(王子総合病院附属看護専門学校・改)

(4) You (　　) talk too much.
ア had better not　イ not had better
ウ had not better　エ had not better to
(奈良県病院協会看護専門学校)

(5) (　　) I carry your bag?
ア Will　イ Ought　ウ Shall
(福島看護専門学校)

(6) (　　) you tell me the time, please?
ア May　イ Would　ウ Shall　エ Should
(宗像看護専門学校)

item 16 助動詞（3）

過去に対する推量や後悔を表す

助動詞＋完了形とは？

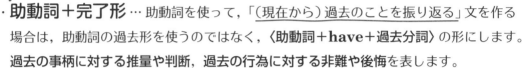

・**助動詞＋完了形**…助動詞を使って，「（現在から）過去のことを振り返る」文を作る場合は，助動詞の過去形を使うのではなく，**〈助動詞＋have＋過去分詞〉**の形にします。**過去の事柄に対する推量や判断，過去の行為に対する非難や後悔**を表します。

may　＋　動詞の原形
「～かもしれない」

may　＋　have　＋　過去分詞
「～かもしれない」＋「～した」→「～したかもしれない」

He may have been careless.
（彼は不注意だったかもしれない）

I must have left my wallet in the car.
（私は車の中に財布を忘れたにちがいない）

ケース 16　★★★★

日本語に合うように，空所に入る適切な語句を下から選びなさい。

(1)「ああ，彼を見かけないな。たぶん遅れているんだろうね」
「う～ん，彼は電車に乗り遅れたのかもしれませんね」
"Oh, I don't see him.　He is probably late."
"Well, he (　　) his train."
ア may have missed　　イ may miss　　ウ cannot miss

(2) この英作文は上手にできすぎている。彼女が自分で書いたはずがない。
This English composition is too good.　She can't (　　) it herself.
ア have to write　　イ have written　　ウ had written

処方せん

(1) "Oh, I don't see him.　He is probably late."
"Well, he may have missed his train."

最初に発言した人は「彼が遅れている」ことについて述べている。次に発言する人は，「遅れている理由」を「～したのかもしれない」と推測している。

(2) This English composition is too good. She can't [have written] it herself.

「～したはずがない」と過去の事実に対して判断する場合は，〈can't have＋過去分詞〉で表す。

解答 (1) ア (2) イ

ワンポイント

覚えておきたい〈助動詞＋have＋過去分詞〉の形

must have＋過去分詞 「～したにちがいない」
may have＋過去分詞 「～したかもしれない」
can't have＋過去分詞 「～したはずがない」
should [ought to] have＋過去分詞 「～するべきだったのに（しなかった）」
need not have＋過去分詞 「～する必要がなかったのに（してしまった）」

I **should have paid** more attention.
（私はもっと注意すべきだったのに［しなかった］）

チェック16 3分 解答▶別冊 *p.7*

次の文の空所に入る適切な語(句)を下から選び，記号で答えなさい。

(1) Mike hasn't arrived yet. He (　　) the train.
ア must miss　イ must be missed
ウ must have missed　エ must have been missed
（厚木看護専門学校）

(2) She has just left. So she (　　) have gone so far.
ア mustn't　イ shouldn't　ウ can't　エ wouldn't　オ may not
（藤沢市立看護専門学校）

難 (3) I never expected it would get this cold. I should (　　) a jacket.
ア bring　イ be bringing　ウ brought　エ have brought
（厚生看護専門学校）

(4) It was a great movie. You (　　) seen it.
ア ought to have　イ had better　ウ had to　エ might have
（東京女子医科大学看護専門学校・改）

item 17

受動態 (1)
「〜する」のか「〜される」のかどっち？

受動態とは？

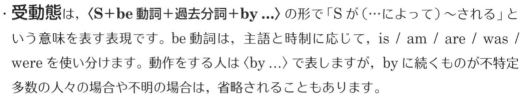

・**受動態**は，**〈S＋be 動詞＋過去分詞＋by ...〉**の形で「S が（…によって）〜される」という意味を表す表現です。be 動詞は，主語と時制に応じて，is / am / are / was / were を使い分けます。動作をする人は〈by ...〉で表しますが，by に続くものが不特定多数の人々の場合や不明の場合は，省略されることもあります。

能動態　My father [washes] this car every Sunday.
（父は毎週日曜日にこの車を洗う）

受動態　This car [is washed] by my father every Sunday.
（この車は毎週日曜日に父によって洗われる）

・**受動態の疑問文** … be 動詞を S **(主語) の前**に置きます。

[Is] this car [washed] by my father every Sunday?
（この車は毎週日曜日に父に洗われますか）

・**受動態の否定文** … be 動詞の**後ろに not** を置きます。

This car [is not [isn't] washed] by my father every Sunday.
（この車は毎週日曜日に父に洗われません）

ケース 17　★★★

日本語に合うように，空所に入る適切な語(句)を下から選びなさい。

(1) その写真は有名な写真家によって撮られた。

The picture (　　) a famous photographer.

ア took　　イ was taken by
ウ was taking　　エ was took by

(2) そのウェブサイトは多くの人にアクセスされますか。

(　　) the website (　　) by many people?

ア Is / visit　　イ Is / visiting　　ウ Is / visited

処方せん

(1) The picture [was taken by] a famous photographer.

受動態は〈be 動詞＋過去分詞〉の形にする。その後ろに動作をする人を by ... で表す。

(2) [Is] the website [visited] by many people?
受動態の疑問文は be 動詞を主語の前に置き，〈Be 動詞＋S＋過去分詞 ～?〉の形にする。

解答 (1) イ　(2) ウ

S+V+O+O と S+V+O+C の受動態

・S+V+O+O の受動態…目的語が 2 つある文は，2 つの受動態の文ができる。

My friend gave me a present.
（友人は私にプレゼントをくれた）

→ I **was given** a present by my friend.
（私は友人にプレゼントをもらった）

→ A present **was given** *to* me by my friend.
（プレゼントは友人によって私に与えられた）

・S+V+O+C の受動態…O（目的語）を主語にして，C（補語）は形を変えずにそのままの位置に置く。

They painted the wall blue.（彼らは壁を青色に塗った）

→ The wall **was painted** blue (by them).
（壁は彼らによって青色に塗られた）

チェック 17　2分　解答▶別冊 *p.7*

次の文の空所に適切な語(句)を下から選び，記号で答えなさい。

(1) Oil (　　) in many parts of the Persian Gulf.
ア found　　イ has found　　ウ is found　　エ is founded
（磐城共立高等看護学院）

(2) (　　) English spoken in Spain?
ア Is　　イ Can　　ウ Does　　エ Will　（京都桂看護専門学校）

(3) This computer (　　) all over the world.
ア is using　　イ is used　　ウ was using　　エ uses　　オ used
（イムス横浜国際看護専門学校）

item 18

受動態 (2)

be の形に要注意！

助動詞を含む，完了形・進行形の受動態とは？

- **助動詞を含む受動態** … **〈助動詞＋be＋過去分詞〉** の形。助動詞のあとは，主語が何であれ常に原形 be になります。

  We [can do] this job in a week.（私たちはこの仕事を１週間でできる）

  → This job [can be done] in a week (by us).（この仕事は１週間でできる）

- **完了形の受動態** … **〈have [has] been＋過去分詞〉** の形。現在完了形で主語が3人称単数の場合は has を使います。

- **進行形の受動態** … **〈be 動詞＋being＋過去分詞〉** の形。「～されている最中である〔であった〕」と受け身の動作が進行中であることを表します。

ケース 18　★★★★

受動態の文に書きかえるとき，空所に適切な１語を入れなさい。

(1) We can see beautiful stars from here.

→ Beautiful stars (　　) (　　) (　　) from here.

(2) My parents have visited Rome many times.

→ Rome (　　) (　　) (　　) by my parents many times.

(3) People are constructing the new building now.

→ The new building (　　) (　　) (　　) now.

処方せん

(1) Beautiful stars [can be seen] from here.（美しい星はここから見られる）

助動詞 can が使われているので，〈助動詞＋be＋過去分詞〉という語順になる。see「見る」の過去分詞は seen。

(2) Rome [has been visited] by my parents many times.

（ローマは何度も私の両親に訪問された）

完了形の受動態は〈have [has] been＋過去分詞〉という語順。主語（Rome）が単数形なので，has にするのを忘れないこと。

(3) The new building [is being constructed] now.

（その新しい建物は，今建設されている最中だ）

進行形の受動態は〈be 動詞＋being＋過去分詞〉。ここでは，主語（The new building）が単数形で時制は現在なので，be 動詞は is になる。

解答 (1) can be seen　(2) has been visited
(3) is being constructed

助動詞を含む，完了形・進行形の受動態の疑問文と否定文

- [助動詞]＋be＋過去分詞
- [have [has]] been＋過去分詞
- [be 動詞]＋being＋過去分詞

・疑問文は，[　]部分を文頭に置く。否定文は，[　]＋**not** になる。

Beautiful stars [can] be seen from here.　［肯定文］

[Can] beautiful stars be seen from here?　［疑問文］
（美しい星はここから見られますか）

Beautiful stars [can] not [[can]'t] be seen from here.　［否定文］
（ここから美しい星は見られません）

チェック 18 （3分）　解答▶別冊 *p.7*

次の文の空所に適切な語句を下から選び，記号で答えなさい。

(1) The diary (　　) in English.
ア must write　　イ must wrote
ウ must written　　エ must be written
（京都桂看護専門学校）

(2) There are ten computers in this room and all of them (　　) now.
ア have used　　イ are used to
ウ are being used　　エ are using
（岐阜県立衛生専門学校・岐阜県立多治見看護専門学校・岐阜県立下呂看護専門学校）

(3) This work (　　) by the end of the week.
ア has finished　　イ has to finish
ウ has to be finished　　エ has to have finished
（北海道立旭川高等看護学院・北海道立紋別高等看護学院・北海道立江差高等看護学院）

(4) The construction (　　) until next spring because of the budget shortage.
ア has postponed　　イ is postponing
ウ will be postponed　　エ will have been postponed
（佐久総合病院看護専門学校）

item 19

受動態 (3)
カタマリのまま離さない

群動詞の受動態とは？

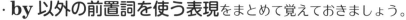

・**by 以外の前置詞を使う表現**をまとめて覚えておきましょう。

be interested in ～（～に興味がある），**be pleased with** ～（～を気に入る），
be surprised at [**by**] ～（～に驚く），**be covered with** ～（～におおわれている），
be injured in ～（～で負傷する）　など

・**群動詞の受動態** … 動詞には 2 語以上の語を 1 つの動詞として意味をもつものがあり，これを**群動詞**と呼びます。**群動詞の受動態は，群動詞を離さずに 1 つとして考えます。**

laugh at ～（～を笑う），**look forward to** ～（～を楽しみにする），
take care of ～（～の世話をする），**pay attention to** ～（～に注意を払う），
make fun of ～（～をからかう），**look up to** ～（～を尊敬する）　など

The festival [was looked forward to] *by* the villagers.
（その祭りは村人たちによって楽しみにされた）

ケース 19　★★★★★

日本語に合うように，空所に入る適切な語(句)を下から選びなさい。

(1) 私はその知らせに驚いた。 I was surprised (　　) the news.
　ア with　　イ at　　ウ to

(2) 彼はキャンパスでアメリカ人に話しかけられた。
　He (　　) by an American on the campus.
　ア spoken　　イ was spoken　　ウ was spoken to

処方せん

(1) I was surprised [at] the news.
be surprised at [by] ～で「～に驚く」の意味。

(2) He [was spoken to] by an American on the campus.
speak to ～で「～に話しかける」という表現なので，受動態の文でも to を落とさないこと。

解答　(1) イ　(2) ウ

ワンポイント

by 以外の前置詞を使う表現で，前置詞によって意味が異なるもの

・**be made of** ～「～［材料］でできている」
be made from ～「～［原料］でできている」
of は「材料」が見てわかる場合，from は「原形をとどめていない原料」の場合を表す。

This box **is made of** paper.（この箱は紙でできている）
Butter **is made from** milk.（バターはミルクからできている）

・**be known to** ～「～に知られている」
be known for ～「～で知られている」

The book **is known to** many young people.
（その本は多くの若者に知られている）

Shizuoka **is known for** Mt. Fuji and Japanese tea.
（静岡は富士山とお茶で知られている）

チェック 19　5分　解答▶別冊 *p.8*

次の文の空所に適切な語(句)を下から選び，記号で答えなさい。

(1) Lucy is (　　) in music very much.　She wants to be a music teacher in the future.
ア fond　イ expected　ウ interested　エ surprised　(戸田中央看護専門学校)

(2) The hill (　　) trees before.
ア was covered with　イ is covered with
ウ were covered with　エ was covered
(岩手県立一関高等看護学院・岩手県立宮古高等看護学院・岩手県立二戸高等看護学院)

(3) My mother is (　　) everybody in this town.
ア known to　イ known for　ウ known with　(JR 東京総合病院高等看護学園・改)

(4) You will (　　) everybody if you say such a thing.
ア be laughed by　イ be laughed at by
ウ laugh at　エ laughed by　(旭川荘厚生専門学院)

(5) Yesterday I was (　　) in Japanese by a foreigner.
ア spoken　イ being spoken　ウ spoken to　エ speaking to
(竹田看護専門学校)

(6) The baby is taken care (　　) her sister.
ア of　イ by　ウ of by　(市立室蘭看護専門学院)

item 20

不定詞（1）

主語・目的語・補語になる名詞的用法

不定詞とは？

・**〈to＋動詞の原形〉**の形を**不定詞**と言います。不定詞には**名詞と同じ働き，形容詞と同じ働き，副詞と同じ働き**をする３つの用法があります。

・**名詞的用法**…「～すること」という意味で，文中で**主語・目的語・補語**になります。

To speak a foreign language is interesting for me.　［主語］
（To speak = S）
（外国語を話すことは私にとっておもしろい）

I want to have some water.（水が飲みたい）　［目的語］
（to have = O）

My dream is to be a pianist.　［補語］
（to be = C）
（私の夢はピアニストになることです）

・**It is … to ～**…不定詞が主語の場合は，主語が長くなるのを避けるために，主語の部分に it を置いて不定詞を後ろに置くことがあります。この it を**形式主語**と言います。不定詞の意味上の主語（不定詞の動作を行う人）は**前置詞 for** をつけた形で，**不定詞の直前に置きます。**

To speak a foreign language is interesting for me.

It is interesting for me **to speak** a foreign language.

ケース20　★★★★

日本語に合うように，空所に入る適切な語（句）を下から選びなさい。

(1) 私は沖縄に行きたい。

I want (　　) to Okinawa.

ア go　　イ to go　　ウ to going

(2) スペイン語を読むことは私にとって難しい。

It is difficult (　　) Spanish.

ア for I to read　　イ for me to read　　ウ to me to read

処方せん

(1) I want [to go] to Okinawa.

want to～で「～したい」の意味。不定詞の名詞的用法で，文の目的語になっている。

(2) It is difficult [for me to read] Spanish.

It は to read Spanish を指す形式主語。不定詞の前に置かれる for～は，〈to＋動詞の原形〉の意味上の主語を表す。

解答 (1) イ　(2) イ

ワンポイント

不定詞の意味上の主語

〈It is ... to～〉構文では，to～の前に不定詞の動作を行う人を**〈for＋人〉**の形で置くことがあるが，「...」の部分が，kind（親切な），careful（注意深い），foolish（ばかな）のような「人の性格」を表す語の場合は，**〈of＋人〉**にする。

It is foolish **of** you **to** say such a thing.
（そんなことを言うなんてあなたはおろかだ）

チェック20　4分　解答▶別冊 *p.8*

●次の文の空所に適切な語(句)を下から選び，記号で答えなさい。

(1) I'm planning (　　) to New York next month.
ア go　　イ to go　　ウ that go　　エ going　　（仁心看護専門学校）

(2) It is hard (　　) pass the exam.
ア that　　イ which　　ウ to　　エ in　　（京都桂看護専門学校）

(3) It is impossible (　　) him to climb the mountain.
ア to　　イ of　　ウ for　　（福島看護専門学校）

(4) It was extremely kind of you (　　) this beautiful plant for me.
ア to bring　　イ bringing　　ウ brought　　エ bring
（北海道立旭川高等看護学院・北海道立紋別高等看護学院・北海道立江差高等看護学院）

●次の日本文の意味を表すように，(　) 内の語(句)を並べかえなさい。

(5) 学校の先生になるのが私の希望です。
To (my / a / become / hope / schoolteacher / is).　　（秋田しらかみ看護学院）

item 21

不定詞（2）
前の名詞を説明する形容詞的用法

形容詞的用法の不定詞とは？

・**形容詞的用法** … 形容詞と同じように，**不定詞には前の名詞や代名詞を説明**する用法があります。形容詞は基本，名詞の前に置かれますが，不定詞の場合は，**名詞や代名詞の後ろに置かれる点**に注意しましょう。「～する…〔名詞〕」「～するべき…〔名詞〕」の意味になります。

I'll rent some DVDs [to watch] tomorrow.　（to watch some DVDs）
（名詞を修飾）
（私は明日見る〔ための〕DVDを何本か借りるつもりです）

Give me something [to drink].　（to drink something）
（代名詞を修飾）
（何か飲むものをください）

・「～するという…〔名詞〕」のように，不定詞が前にくる**（代）名詞の内容を説明**する場合もあります。この関係を**同格**と言います。

My son has a desire [to study] abroad.（息子は海外留学をするという願望をもっている）
（a desire ＝ to study）

ケース 21 ★★★

日本語に合うように，空所に入る適切な語（句）を下から選びなさい。

(1) 私は数学を勉強する時間がなかった。

I had no time (　　) math.

ア to studied　イ studying　ウ to study

(2) 対処すべき非常に多くの問題がある。

There are so many difficulties (　　).

ア to deal　イ for dealing

ウ to deal with　エ to be dealt

処方せん

(1) I had no time [to study] math.

「（数学を）勉強する」→「時間」と言うように，time を後ろから説明しているので，ウ to study を選ぶ。

(2) There are so many difficulties [to deal with].

「対処すべき」→「(非常に多くの)問題」と言うように，so many difficulties を不定詞を用いて説明している。「～を対処する」は deal with ～と with が続くことがわかるかがカギ。so many difficulties は前置詞 with の目的語になっている。

解答 (1) ウ　(2) ウ

ワンポイント

前置詞の目的語

ケース21 (2) の問題のように，名詞や代名詞が不定詞のあとの前置詞の目的語になることがある。

I want a new house **to live in**.　(to live in a new house)

to live 前置詞

(私は住むための新しい家がほしい)

✓チェック21 4分 解答▶別冊 *p.8*

●次の文の空所に適切な語(句)を下から選び，記号で答えなさい。

(1) Would you like (　　)?

ア read something　　イ something reading

ウ something to read　　エ something for reading

(新潟県厚生連佐渡看護専門学校)

(2) We were surprised at her decision (　　) a doctor.

ア to become　　イ becoming

ウ is going to become　　エ would become　(更生看護専門学校)

(3) He had no paper to write (　　).

ア from　イ on　ウ with　エ by　(富山市立看護専門学校)

(4) The boy has no friends to play (　　).

ア by　イ with　ウ in　エ at　(龍馬看護ふくし専門学校)

●次の日本文の意味を表すように，(　) 内の語を並べかえなさい。

(5) 私は住む家を探しています。

(to / looking / house / I / in / for / live / am / a).　(島田市立看護専門学校)

item 22

不定詞（3）
「目的」や「感情の原因」を表す副詞的用法

副詞的用法の不定詞とは？

・**副詞的用法** … 副詞と同じように，不定詞が名詞以外の語句を説明する用法があります。「～するために」という意味の**「目的」**や「～して…」という意味の**「原因」**，「…して（その結果）～する」の意味で**「結果」**を表します。

Ken hurried to catch the first train. ［目的］
hurried の「目的」を説明
（ケンは始発電車に乗るために急いだ）

She was shocked to hear the news. ［原因］
was shocked の「原因」を説明
（彼女はその知らせを聞いてショックを受けた）

The boy grew up to be a tennis player. ［結果］
grew up の「結果」を説明
（少年は成長してテニス選手になった）

・**不定詞の否定形** … 不定詞を否定する場合には，**not［never］を不定詞の直前に置きます。**

I spoke to him softly not to frighten him.
（私は彼を驚かさないために穏やかに話しかけた）

ケース 22 ★★★

日本語に合うように，空所に入る適切な語句を下から選びなさい。

(1) ジェーンは友人への贈り物を買うために町で一番大きな本屋へ行った。
Jane went to the biggest bookstore in the town (　　) a gift for her friend.
ア to getting　　イ for getting
ウ to get　　エ for to get

(2) ジョンはそのニュースを聞いてとても喜ぶにちがいない。
John must be very glad (　　) the news.
ア to hearing　　イ his hearing
ウ to hear　　エ having heard from

処方せん

(1) Jane went to the biggest bookstore in the town [to get] a gift for her friend.

空所は「〜するために」と「目的」を表すように，不定詞の副詞的用法のウ to get を用いる。

(2) John must be very glad [to hear] the news.

「そのニュースを聞いて」→「喜ぶにちがいない」となるように，ウ to hear を選ぶ。

解答 (1) ウ　(2) ウ

ワンポイント

「目的」の意味をはっきりさせる

「目的」を表す副詞的用法では，他の不定詞の用法と明確な区別をするために，**〈in order to 〜〉**や**〈so as to 〜〉**を使って，「〜するために」の意味を表すことがある。

Plants need light **in order to live**.
(植物は生きるために光が必要だ)

=Plants need light **so as to live**.

チェック 22 3分　解答▶別冊 *p.8*

● 次の文の空所に適切な語(句)を下から選び，記号で答えなさい。

(1) My uncle came to the airport to (　　) me off.

ア see　　イ sees　　ウ saw　　エ seeing

(ハートランドしぎさん看護専門学校)

(2) I worked hard to (　　) the guitar.

ア bought　　イ have bought　　ウ buy　　エ buying　(石巻赤十字看護専門学校)

(3) He promised (　　) and drive again.

ア not drinking　　イ not to drink

ウ never drink　　エ to never drink　(気仙沼市立病院附属看護専門学校・改)

● 次の日本文の意味を表すように，(　) 内の語を並べかえなさい。

(4) ボタンを押し間違えないように気をつけなさい。

Be (to / wrong / careful / button / the / not / push).

(奈良県病院協会看護専門学校)

item 23

不定詞（4）

too ... to ～は否定，... enough to ～ は肯定を表す

不定詞を含む重要表現とは？

・**〈too＋形容詞〔副詞〕＋to ～〉**…「とても…なので～できない」「～するには…すぎる」の意味を表します。〈so ... that ＿ can't [cannot] ～〉で書きかえられることもあります。

My sister is too young to study abroad.
（姉〔妹〕は若すぎるので留学できない）
＝My sister is so young that she can't study abroad.

・**〈形容詞〔副詞〕＋enough to ～〉**…「～するのに十分な…」「十分に…なので～」の意味。**enough の前に，形容詞や副詞が置かれます**。〈so ... that ～〉で書きかえられることもあります。

He is tall enough to touch the ceiling.
（彼は天井に手が届くのに十分なほど背が高い）
＝He is so tall that he can touch the ceiling.

ケース 23 ★★★★

日本語に合うように，空所に入る適切な語句を下から選びなさい。

(1) その箱は重すぎて私は持ち上げられなかった。

The box was too heavy for me (　　).

ア to lifting　イ to lift　ウ to lifting it

(2) そのフェンスは犬が入れないほど高くはなかった。

The fence wasn't (　　) keep the dogs out.

ア high enough to　イ higher than to　ウ so high that can

処方せん

(1) The box was too heavy for me to lift.
「重すぎて持ち上げられなかった」なので，〈too ... to ～〉を用いる。for me は不定詞の意味上の主語。

(2) The fence wasn't high enough to keep the dogs out.
「～するのに十分な…」の意味の〈形容詞〔副詞〕＋enough to ～〉を用いる。形容詞 high は enough の前に置かれる。

解答 (1) イ (2) ア

ワンポイント

独立不定詞

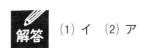

不定詞が，文中の他の語句から離れて独立した位置に置かれ，文全体を修飾する用法がある。これらはそのまま暗記しておこう。

to say nothing of ～ / not to mention ～	「言うまでもなく～」
to tell (you) the truth	「実を言うと」
to be frank (with you)	「率直に言うと」
needless to say	「言うまでもなく」
to make matters worse	「さらに悪いことに」

I'm not sure what happened, **to tell the truth**.
(実を言うと，何が起こったのかわからない)

チェック23 4分 解答▶別冊 *p.9*

●次の文の空所に適切な語(句)を下から選び，記号で答えなさい。

(1) This room is ( ) hot for you to work in.

ア to　イ so　ウ enough　エ too　(奈良県病院協会看護専門学校)

(2) John is ( ) to buy a new car.

ア enough rich　イ rich enough　ウ enough of rich

(市立室蘭看護専門学院・改)

●次の日本文の意味を表すように，( )内の語(句)を並べかえなさい。

(3) 彼女は昨日忙しすぎて，テレビを見ることができませんでした。

She was too (TV / to / busy / watch) yesterday.　(四日市医師会看護専門学校・改)

(4) 彼はこのあたりで家を買えるほど金がある。

He (a house / rich / here / around / to / enough / buy / is).

(秋田しらかみ看護学院)

(5) この問題は難しくて私には解けないです。

This problem is (difficult / me / too / to / for / solve).

(三友堂病院看護専門学校)

item 24 不定詞（5）

Oと不定詞は主語と動詞の関係

S+V+O+不定詞とは？

・**S+V+O+to 不定詞** …「Oに～してほしい」「Oに～を頼む」など，**目的語で表される相手に何かを頼んだり命じたりする**ときに，**〈動詞+O+to 不定詞〉**を使います。不定詞の意味上の主語が不定詞の前にくることに注意しましょう。

I asked him to turn off the air conditioner.　（私は彼にエアコンを消すように頼んだ）

エアコンを消すのは「彼」

この文型で用いられる動詞は，**advise**（助言する），**ask**（頼む），**expect**（期待する），**tell**（言う），**want**（望む），**allow**（許す）　などです。

・**S+V+O+原形不定詞** … 動詞が see，hear などの知覚動詞や，make，let，have などの使役動詞の場合，**目的語の後ろに原形不定詞**（動詞の原形だけで to のない形）**がくる場合**があります。目的語が原形不定詞の意味上の主語になり，「Oが～するのを見る〔聞く〕」，「Oに～させる」の意味になります。

I saw her leave the room.　（私は彼女が部屋から出るのを見た）

get も使役の意味をもちますが，get には to 不定詞がきます。

I'll get my son to make the plan.

（息子に計画を立てさせてみます）

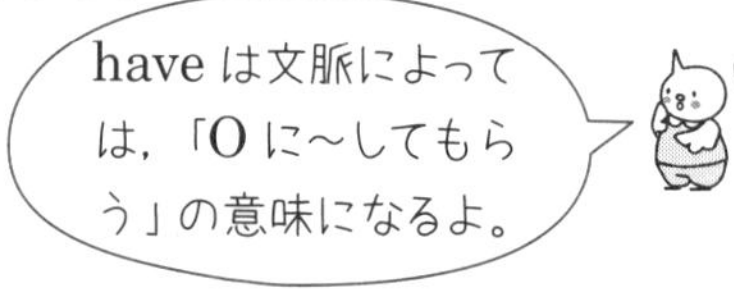

have は文脈によっては，「O に～してもらう」の意味になるよ。

ケース 24　★★★★★

日本語に合うように，空所に入る適切な語(句)を下から選びなさい。

(1) 私は娘に部屋に入ってこないように言った。

I told my daughter (　　) the room.

ア not enter　　イ not to enter　　ウ not enter to

(2) 私たちは彼がギターを弾くのを聞いた。

We heard him (　　) the guitar.

ア play　　イ to play　　ウ played

処方せん

(1) I told my daughter not to enter the room.

〈tell+O+to 不定詞〉「O に～するように言う」という表現。「O が～しないように言う」と言う場合には，not を〈to＋動詞の原形〉の直前に置く。

(2) We heard him [play] the guitar.

〈hear＋O＋原形不定詞〉で「O が～するのを聞く」という表現。目的語のあとには原形不定詞がくる。

解答 (1) イ　(2) ア

ワンポイント

〈S＋V＋O＋原形不定詞〉の受動態

知覚動詞や使役動詞の make を用いた文は，受動態にすると，目的語の後ろに続く原形不定詞が to 不定詞になる。

People made him **go** out of the store.（人々は彼を店の外に出させた）

→ He was made **to go** out of the store.（彼は店の外に出された）

チェック 24　5分　解答▶別冊 p.9

次の文の空所に適切な語(句)を下から選び，記号で答えなさい。

(1) Allow me (　　) Mr. Sato to you.

ア introduce　イ introduced　ウ to introduce　エ introducing

（杏林大学医学部付属看護専門学校）

(2) The doctor advised me (　　) too much.

ア not eat　イ to not eat　ウ not to eat　エ not eating

（竹田看護専門学校）

(3) I'll have my father (　　) my photograph.

ア take　イ took　ウ to take　エ taken

（岡山済生会看護専門学校）

(4) She saw the girl (　　) down.

ア to fall　イ have fallen　ウ fallen　エ fall

（岩手県立一関高等看護学院・岩手県立宮古高等看護学院・岩手県立二戸高等看護学院）

(5) I got my sister (　　) me with the presentation.

ア help　イ to help　ウ helping　エ be helping

（東京山手メディカルセンター附属看護専門学校）

(6) She was made (　　) for over an hour.

ア be waited　イ wait　ウ waited　エ to wait

（製鉄記念八幡看護専門学校）

item 25

動名詞（1）
〈動詞の原形＋-ing〉が名詞と同じ役割を果たす

動名詞とは？

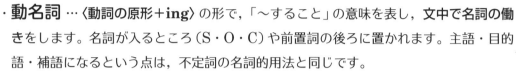

・**動名詞** …**〈動詞の原形＋ing〉**の形で，「～すること」の意味を表し，**文中で名詞の働きをします**。名詞が入るところ（S・O・C）や前置詞の後ろに置かれます。主語・目的語・補語になるという点は，不定詞の名詞的用法と同じです。

My father is good *at* [playing] golf.（父はゴルフをするのが得意だ）
前置詞　（×）*to play*

・**動名詞の前に人称代名詞の所有格**（my など）**や目的格**（me など）を置くことで，**動名詞の動作を行う人**を表すことができます（名詞の場合は，Ken's のようにするか Ken のままにする）。この所有格や目的格の部分を**動名詞の意味上の主語**と呼びます。

ケース 25 ★★★★★

日本語に合うように，空所に適切な語句を下から選びなさい。

(1) 彼女はよくサッカーの練習をする。
She often practices (　　).
ア to playing soccer　イ play soccer　ウ playing soccer

(2) 彼は，私に医者に行くようにと言ってきかなかった。
He insisted on (　　) to see a doctor.
ア that I should go　イ me to go　ウ me going

処方せん

(1) She often practices [playing soccer].
playing soccer の部分が，practices「練習する」の目的語になっている。

(2) He insisted on [me going] to see a doctor.
医者に行くのは「私」
前置詞の後ろには名詞か動名詞がくる。動名詞の前に me（私）があるので，「私が医者に行くこと」の意味。一方，次の文は「彼が医者に行くこと」になる。
He insisted on [going] to see a doctor.（彼は医者に行くと言ってきかなかった）
医者に行くのは「彼」

解答 (1) ウ　(2) ウ

ワンポイント

目的語に動名詞・不定詞をとる動詞

他動詞の多くは目的語に動名詞と不定詞の両方をとるが，動名詞・不定詞のどちらか一方だけを目的語にする動詞もある。主なものを覚えておこう。

・動名詞のみをとる動詞

avoid（避ける），**deny**（否定する），**enjoy**（楽しむ），**finish**（終える），**give up**（あきらめる），**mind**（気にする），**miss**（逃す），**postpone**（延期する），**practice**（練習する），**put off**（延期する），**stop**（終える）　など

・不定詞のみをとる動詞

decide（決心する），**expect**（予期する），**hope**（望む），**promise**（約束する），**wish**（したい）　など

・動名詞と不定詞の両方をとるが，意味が異なる動詞もある。

{ **remember to＋動詞の原形**　（忘れずに～する）
{ **remember -ing**　（～したことを覚えている）

不定詞は未来のこと，
動名詞は過去のことを
表しているよ。

チェック 25　6分　解答▶別冊 *p.9*

次の文の空所に適切な語(句)を下から選び，記号で答えなさい。

(1)　(　　) to live alone is a serious problem for old people everywhere.

　ア Being unable　　イ Not being　　ウ Once able　　エ Unable

（磐城共立高等看護学院）

(2)　Finish (　　) your homework before you watch TV.

　ア don't　　イ do to　　ウ to do　　エ doing　　（大川看護福祉専門学校）

(3)　Tom, wash your hands before (　　) dinner.

　ア eats　　イ ate　　ウ to eat　　エ eating　（ハートランドしぎさん看護専門学校）

(4)　I remember (　　) with the lady at the party last year.

　ア talk　　イ talked　　ウ to talk　　エ talking　　（仁心看護専門学校）

(5)　Dave, do you (　　) waiting here for me? —— No, not at all.

　ア mind　　イ stop　　ウ want　（静岡市立静岡看護専門学校・清水看護専門学校）

(6)　We decided to postpone (　　) a meeting because of the typhoon.

　ア to hold　　イ holding　　ウ held　　エ to holding

（王子総合病院附属看護専門学校）

(7)　She told my boss I was late this morning. I don't like people (　　) things behind my back.

　ア has said　　イ saying　　ウ whose　　エ says　（日本大学医学部附属看護専門学校）

item 26

動名詞（2）

動名詞を含む表現を覚えよう

動名詞を含む慣用表現とは？

・**動名詞を含む慣用表現** … 決まった表現の中に動名詞を含むものがあります。試験によく出るので覚えておきましょう。

can't [cannot] help -ing「～せずにはいられない」	
=can't [cannot] help but＋原形	
It is no use [good] -ing.	「～してもむだだ」
There is no -ing.	「～できない」
It goes without saying that ～.	「～は言うまでもない」
feel like -ing	「～したい気分だ」
on -ing	「～するとすぐに」＝as soon as ～
look forward to -ing	「～するのを楽しみにする」

・**動名詞の否定形** … 動名詞を否定する場合は，**動名詞の直前に not や never を置きます。**

Not eating sweets is good for your teeth.（お菓子を食べないことは歯によい）

ケース 26 ★★★★★

日本語に合うように，空所に適切な語(句)を下から選びなさい。

(1) 彼はコテージで家族と週末を過ごすことを楽しみにしていた。

He was looking forward (　　) the weekend with his family in their cottage.

ア to spend　　イ at spending

ウ in spending　　エ to spending

(2) 彼女はその知らせを聞いて泣かずにはいられなかった。

She couldn't (　　) crying when she heard the news.

ア make　イ take　ウ help　エ keep

処方せん

(1) He was looking forward to spending the weekend with his family in their cottage.

look forward to -ing「～するのを楽しみにする」の to は前置詞なので，そのあとに動詞が続くときには動名詞にする。

(2) She couldn't [help] crying when she heard the news.

cannot help -ing「～せずにはいられない」

解答 (1) エ (2) ウ

ワンポイント

〈to＋動名詞〉の形に注意！

ケース26(1)の look forward to -ing の他に前置詞 to を用いる表現。

when it comes to -ing	「～するという話になれば」
be accustomed [used] to -ing	「～することに慣れている」
object to -ing	「～することに反対する」
with a view to -ing	「～するために(目的)」

My father **is accustomed [used] to getting** up early.
(父は早起きすることに慣れている)

チェック 26 4分 解答▶別冊 p.10

次の文の空所に適切な語(句)を下から選び，記号で答えなさい。

(1) She is looking forward to (　　) the book.

ア read　イ be reading　ウ reading　エ be read

(市立室蘭看護専門学院・改)

(2) There is no (　　) what may happen tomorrow.

ア tell　イ to tell　ウ telling　エ told

(PL 学園衛生看護専門学校)

(3) She did not object (　　) late last night.

ア my play　イ to my play　ウ to my playing　エ my playing

(岐阜県立衛生専門学校・岐阜県立多治見看護専門学校・岐阜県立下呂看護専門学校・改)

(4) Do you feel like (　　) a drink?

ア having　イ to have　ウ have　エ have had

(岩手県立一関高等看護学院・岩手県立宮古高等看護学院・岩手県立二戸高等看護学院)

(5) I couldn't help (　　) such lovely roses.

ア buy　イ bought　ウ to buy　エ buying

(東京女子医科大学看護専門学校)

item 27

分詞（1）

形容詞のように名詞を説明する

分詞とは？

・**現在分詞と過去分詞の働き** … 動名詞と同じ形で進行形で使われる -ing（**現在分詞**）や受動態や現在完了形で使われる -(e)d など（**過去分詞**）には，形容詞と同じように**名詞を説明する働き**があります。

That tall man is my father.（あの背の高い男性は私の父だ）

形容詞 名詞

That running man is Ken.（あの走っている男性はケンだ）

現在分詞 名詞

・**現在分詞と過去分詞の区別** …「～している名詞」の意味なら**現在分詞**を，「～された〔～されている〕名詞」の意味なら**過去分詞**を用います。

分詞１語で名詞を説明する場合は，〈**現在分詞〔過去分詞〕＋名詞**〉の語順になります。

A rolling stone gathers no moss.（転がる石にこけはつかない）

分詞があとに語句をともなう場合は，〈**名詞＋現在分詞〔過去分詞〕＋語句**〉の語順になります。

I've never read the book written by Soseki Natsume.

（私は夏目漱石によって書かれた本を読んだことがない）

ケース 27 ★★★★

日本語に合うように，空所に適切な語を下から選びなさい。

(1) おぼれる者はわらをもつかむ。

A (　　) man will catch at a straw.

ア drown　イ drowning　ウ drowned

(2) 日本製のカメラはとても高そうに見える。

The cameras (　　) in Japan look very expensive.

ア made　イ to make　ウ making

処方せん

(1) A [drowning] man will catch at a straw.
「おぼれている人」なので現在分詞 drowning が入る。

(2) The cameras [made] in Japan look very expensive.
「日本で作っているカメラ」ではなく「日本で作られているカメラ」が正しいので，過去分詞の made が入る。

解答

(1) イ　(2) ア

ワンポイント

現在分詞か過去分詞か

次のような動詞の分詞形の意味に気をつけよう。

・excite「(人を) わくわくさせる」
→ **exciting**「わくわくさせるような」an **exciting** game（おもしろい試合）
→ **excited**「わくわくした」an **excited** fan（興奮したファン）
・surprise「～を驚かせる」
→ **surprising**「驚かせるような」a **surprising** story（驚かせる話）
→ **surprised**「驚いた」a **surprised** look（驚いた表情）

チェック 27　4分　解答▶別冊 *p.10*

次の文の空所に適切な語(句)を下から選び，記号で答えなさい。

(1) The girls (　　) tennis are Cathy and her friends.
ア play　イ to play　ウ playing　エ played
（富士吉田市立看護専門学校）

(2) This is a picture (　　) by him.
ア paint　イ painted　ウ painting
（福島看護専門学校）

(3) Do you know the young woman (　　) a magazine over there?
ア read　イ to read　ウ reading　エ to reading
（東京山手メディカルセンター附属看護専門学校）

(4) The (　　) to the students were very difficult.
ア given tests　イ giving tests　ウ tests given　エ tests giving
（厚木看護専門学校）

(5) Who was (　　) to the hospital yesterday?
ア the carried boy　イ the carrying boy
ウ the boy carrying　エ the boy carried
（新潟県厚生連佐渡看護専門学校）

item 28 分詞（2）

分詞は補語にもなる

分詞の補語の役割とは？

・**補語になる分詞** … 分詞は名詞を修飾する用法の他に，〈S＋V＋C［＝分詞］〉や〈S＋V＋O＋C［＝分詞］〉のように**文中でC（補語）の役割**をすることもあります。

・**S＋V＋C［＝分詞］** … 分詞は，S（主語）の動作・状態を説明するC（補語）になります。現在分詞ならば**「～して，～しながら」**の意味に，過去分詞ならば**「～されて」**の意味になります。

Ken came running toward me.
（ケンが私の方へ走ってやって来た）

The door remained closed all day.
（ドアは1日中閉められたままだった）

・**S＋V＋O＋C［＝分詞］** … 分詞は，O（目的語）の動作・状態を説明するC（補語）になります。現在分詞の場合はOとCが**「Oが～している」**の関係に，過去分詞の場合は**「Oが～される」**の関係になります。

I heard my name called.　（私は自分の名前が呼ばれるのを聞いた）

ケース 28　★★★★★

日本語に合うように，空所に適切な語（句）を下から選びなさい。

(1) 大統領は3000人の群集に囲まれて立っていた。

The President stood (　　) by a crowd of 3000 people.

ア to surround　イ surround
ウ surrounding　エ surrounded

(2) 私は私の犬が芝生で横になっているのを見た。

I saw my dog (　　) on the grass.

ア lie　イ lying　ウ lain　エ to lie

処方せん

(1) The President stood surrounded by a crowd of 3000 people.
V　C［＝過去分詞］

「囲まれて立っていた」なので，過去分詞のsurroundedが入る。

(2) I saw my dog [lying] on the grass.
　　　　　　　　O　　C［＝現在分詞］

my dog *was* lying「私の犬が横になっていた」の意味になるので，現在分詞の lying が入る。

解答　(1) エ　(2) イ

S+V+O+C［＝分詞］の形をとるおもな動詞と意味

see+O+C（＝現在分詞／過去分詞）
「Oが～している〔～されている〕のを見る」
hear+O+C（＝現在分詞／過去分詞）
「Oが～している〔～されている〕のを聞く」
leave+O+C（＝現在分詞／過去分詞）
「Oを～している〔～されている〕状態のまま放っておく」
have+O+C（＝過去分詞）
「Oを～される」「…を～してもらう」

✓チェック 28　4分　解答▶別冊 *p.10*

次の文の空所に適切な語(句)を下から選び，記号で答えなさい。

(1) Have you ever heard that song (　　) in French?
ア sing　　イ sang　　ウ sung　　エ singing
（茨城県立筑波看護専門学校）

(2) I saw John (　　) on the street with his girlfriend.
ア walked　　イ walking　　ウ has walked　　エ walks
（東京女子医科大学看護専門学校）

(3) The driver kept the engine (　　) while we waited.
ア run　　イ to run　　ウ running　　エ ran
（東京山手メディカルセンター附属看護専門学校）

(4) He wanted to have the camera (　　).
ア repaired　　イ repairing　　ウ of repair　　エ be repairing
（三友堂看護専門学校）

(5) There was so much noise that he could not make (　　).
ア him hear　　イ him hearing
ウ himself hear　　エ himself heard
（厚木看護専門学校）

item 29

分詞構文

分詞で始まるカタマリが文を修飾する

分詞構文とは？

・**分詞構文の形** … **分詞1語で〈接続詞＋S＋V〉と同じ働きをする**ことがあります。このような形を**分詞構文**と言います。

When he [left] the room, he turned off the light.

↓① ↓② ↓③ （彼は部屋を出るとき，電気を消した）

× × [Leaving] the room, he turned off the light.

分詞構文の作り方
①接続詞をとる。
②主節の主語と同じ場合，接続詞のある方の主語をとる。
③接続詞のある節と主節が同じ「時」の場合，接続詞のある節の動詞を現在分詞にする。

・**分詞構文の表す意味** …「〜しながら」［同時の動作］，「〜するとき」［時］，「〜なので」［理由］

[Smiling] brightly, she handed me a book.
（明るくほほえみながら，彼女は私に本を手渡した）

・**分詞構文の否定形** … **分詞の前に not［never］**を置きます。

Not [knowing] her e-mail address, he wasn't able to contact her.
（彼女のEメールアドレスを知らなかったので，彼は彼女と連絡が取れなかった）

・**完了形の分詞構文** … 分詞の表す「時」が主節の動詞の表す「時」よりも前の場合，**〈having＋過去分詞〉**にします。

[Having] [eaten] at the restaurant, I came back home.
（レストランで食事をして，私は帰宅した）

ケース 29 ★★★★

日本語に合うように，空所に適切な語(句)を下から選びなさい。

(1) とても疲れていたので，私はもはや歩くことができなかった。

(　　) very tired, I couldn't walk any more.

ア Was　　イ Been　　ウ Being

(2) 買う物を見つけられなかったので，彼は店を出た。

(　　) anything to buy, he left the shop.

ア Not to find　　イ Not finding　　ウ Finding not

処方せん

(1) Being very tired, I couldn't walk any more.

「〜なので」と理由を表す分詞構文の形。be 動詞は being となる。

(2) Not finding anything to buy, he left the shop.

分詞構文の否定形は，not [never] を分詞の前に置く。

解答 (1) ウ　(2) イ

ワンポイント

過去分詞で始まる分詞構文

分詞が受動態の意味を表す場合は，**being** を省略して過去分詞で始めるのがふつう。

(Being) **Written** in easy English, the book is good for beginners.
(簡単な英語で書かれているため，その本は初心者にはよい)

チェック 29 4分 解答▶別冊 p.10

次の文の空所に適切な語(句)を下から選び，記号で答えなさい。

(1) (　　), the examinees knew it was time to stop.

ア Hearing the bell　　イ Heard the bell
ウ To have heard the bell　　エ To hear the bell
(厚木看護専門学校)

(2) (　　) what to do, we just waited for the rescue party to arrive.

ア Know　イ Known　ウ Not knowing　エ Not having known
(玉野総合医療専門学校・改)

(3) (　　) her in the picture, I recognized her at once.

ア See　イ Saw　ウ Seen　エ Having seen

(4) (　　) on a hill, the hotel commands a fine view.

ア Situation　イ Situate　ウ Situated　エ Situating
(以上 石巻赤十字看護専門学校)

(5) (　　) met him before, I don't know him.

ア I didn't　　イ Not having
ウ Having not　　エ Not I
(更生看護専門学校)

item 30 関係詞（1）

関係代名詞と関係副詞がある

関係代名詞とは？

・**関係代名詞**は，名詞と説明の文をつなぐ**接続詞の働き**と，前の名詞を指す**代名詞の働き**を兼ねています。

I know [a man]. （私は男性を知っています）

+[He] works for this company. （彼はこの会社で働いています）

↓

I know [a man] [**who**] works for this company. （私はこの会社で働いている男性を知っています）

先行詞　主格

・**関係代名詞の種類** … 関係代名詞の前にある名詞〔**先行詞**と言う〕の種類と関係詞節中での働き〔格〕によって，関係代名詞の形が決まります。

先行詞＼格	主　格	所有格	目的格
人	who	whose	who(m)
人以外	which	whose	which
いずれも	that	—	that

ケース 30 ★★★★

日本語に合うように，空所に適切な語を下から選びなさい。

(1) こちらは私たちの家の近くに住んでいる男性だ。

This is a man (　　) lives near our house.

ア whom　イ who　ウ which　エ what

(2) 財布が盗まれた男性は私たちの先生である。

The man (　　) wallet was stolen is our teacher.

ア which　イ who　ウ whose　エ whom

処方せん

(1) This is a man [who] lives near our house.

先行詞　関係代名詞　V

先行詞が「人」a man で，〈先行詞＋関係代名詞＋V［動詞］～〉の語順になっていることから，主格の who が入る。主格の関係代名詞のあとには動詞がくる。

(2) The man [whose] wallet was stolen is our teacher.
先行詞　関係代名詞　名詞

空所のあとに名詞が続いているので所有格 whose が入る。所有格の語順は〈先行詞＋whose＋名詞（＋S）＋V ～〉で，whose の直後には必ず名詞が置かれる。

解答　(1) イ　(2) ウ

関係代名詞 that

関係代名詞 that は，先行詞が「人」でも「もの・動物」でも用いられる。ただし，that には所有格がないので，whose の代わりにはならない。

People **who** often eat fast food may have health problems.
＝People **that** often eat fast food may have health problems.
（よくファストフードを食べる人は健康問題を抱えているかもしれない）

次のような場合は，who や which よりも that が好まれる。

・先行詞が形容詞の最上級や，**the very**，**the only** などの限定的な意味を表す修飾語を伴っている場合。また，先行詞自体が **anything** や **everything** の場合。
・先行詞が「人＋人以外のもの」の場合。

関係代名詞
that は便利な
関係代名詞よ。

チェック 30　5分　解答▶別冊 *p.11*

次の文の空所に入る適切な語を下から選び，記号で答えなさい。

(1) I have a friend (　　) can play the guitar well.
ア which　イ who　ウ what　エ whose　（ハートランドしぎさん看護専門学校）

(2) He went to see the movie (　　) title seemed interesting.
ア who　イ which　ウ whose　エ whom　（鶴岡市立荘内看護専門学校）

(3) My friend lives in a house (　　) is 150 years old.
ア who　イ where　ウ which　エ when
（東京山手メディカルセンター附属看護専門学校）

(4) Look at the boy and his dog (　　) are running over there.
ア who　イ whose　ウ what　エ that　（新潟県厚生連佐渡看護専門学校・改）

(5) This book is for students (　　) native language is not Japanese.
ア who　イ whose　ウ whom　（呉共済病院看護専門学校）

(6) Everything (　　) happened was nobody's fault.
ア that　イ what　ウ how　エ it　（一宮市立中央看護専門学校）

item 31

関係詞（2）

〈名詞＋S＋V〉の語順を見たら関係代名詞の省略を考える

関係代名詞の目的格とは？

・先行詞が関係代名詞が導く節の中で目的語になる場合は，**関係代名詞の目的格**が使われます。先行詞が**「人」**を表すものであれば **who(m)** を，**「もの」**を表すものであれば **which** を使います。〈先行詞＋**who(m)**［**which**］＋**S**＋**V** ～〉という形になります。

This is a smartphone which I bought yesterday.
（a smartphone：先行詞　which：目的格　I：**S**　bought：**V**）

（これは昨日買ったスマートフォンです）

・**関係代名詞の目的格は省略することができます。名詞の後に S＋V が続いていたら，先行詞のあとに関係代名詞が省略されていると考えましょう。**

ケース 31 ★★★★

日本語に合うように，空所に適切な語(句)を下から選びなさい。

(1) 彼らは先月購入した家に引越した。

They moved into the house (　　) they bought last month.

ア where　イ whom　ウ which

(2) 私たちが昨夜話していた男性はウィルソンさんだった。

The man (　　) last night was Mr. Wilson.

ア we were talking with

イ to that we were talking

ウ whom we were talking

処方せん

(1) They moved into the house which they bought last month.

問題では，the house が「もの」を表す語なので which を使う。

(2) The man we were talking with last night was Mr. Wilson.
（The man：先行詞　we：**S**　were talking：**V**　↑ who(m) が省略されている）

ウは talk with ～「～と話す」の with がないので誤り。関係代名詞 who(m) が省略されているアが正解。

解答 (1) ウ　(2) ア

ワンポイント

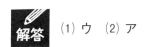

先行詞が前置詞の目的語になる場合

ケース31 (2) の問題では，先行詞 (The man) は前置詞 with の目的語になっている。

We were talking [with] the man last night. + He was Mr. Wilson.

The man we were talking [with] last night was Mr. Wilson.

この前置詞は関係代名詞の前に置いてもよい。ただし，関係代名詞が省略されている場合や who, that の場合は前に置けない。

The man [with] **whom** [×*with that*] we were talking last night was Mr. Wilson.

チェック31 4分　解答▶別冊 *p.11*

次の文の空所に入る適切な語(句)を下から選び，記号で答えなさい。

(1) I'm happy because this test has a lot of questions (　　) I can solve.

ア whose　イ which　ウ whom　エ what

(富士吉田市立看護専門学校・改)

(2) Some of the girls (　　) have not come yet.

ア I invited　イ whose I invited

ウ I invited them　エ who I invited them

(富山市立看護専門学校)

(3) Why don't you wear the wine red dress (　　) last month?

ア bought by　イ buying　ウ to buy　エ you bought

(岐阜県立衛生専門学校・岐阜県立多治見看護専門学校・岐阜県立下呂看護専門学校)

(4) This is the town in (　　) I was born.

ア which　イ that　ウ what　エ where

(岩手県立一関高等看護学院・岩手県立宮古高等看護学院・岩手県立二戸高等看護学院)

(5) The doll (　　) my sister always plays is her favorite.

ア which　イ in which　ウ that　エ with which

(王子総合病院附属看護専門学校)

item 32

関係詞（3）

先行詞の有無と種類に注意する

関係代名詞 what や関係副詞とは？

・**関係代名詞 what** は他の関係代名詞とは異なり，what の前に先行詞がありません。なぜならば **what はそれ自身に先行詞を含んでいる**からです。**〈what＋S＋V〉**で「S が V するもの〔こと〕」という意味のカタマリを作ります。

・**関係副詞** … 先行詞を修飾する働きは関係代名詞と同じですが，関係代名詞が〈接続詞＋代名詞〉の働きをするのに対して，関係副詞は**〈接続詞＋副詞〉の働き**をします。関係副詞は，先行詞の種類によって使い分けます。

先行詞	場所	時	理由	方法
関係副詞	where	when	why	how

why の先行詞は「理由」を表す **the reason** ですが，why か the reason のどちらか一方を省略することがあります。**This [That] is why ～.**「こういう〔そういう〕理由で～」の形で用いられることが多いです。**how** の先行詞は「方法」を表す **the way** ですが，ふつう the way how とは言わず，the way か how の一方のみを用います。

ケース 32 ★★★★★

日本語に合うように，空所に適切な語を下から選びなさい。

(1) 彼は約束していたことを忘れていた。

He has forgotten (　　) he promised.

ア which　　イ who　　ウ what　　エ when

(2) 私は，私が生まれた村の学校の教師になりたい。

I would like to be a schoolteacher in the village (　　) I was born.

ア that　　イ what　　ウ where　　エ which

処方せん

(1) He has forgotten [what] he promised.

先行詞がない ↑ **what S　V**

前に先行詞がないので，what が入ると考えよう。what he promised で「彼が約束したこと」という意味のカタマリを作っている。

(2) I would like to be a schoolteacher in the village [where] I was born.
（the village = 先行詞）

先行詞がthe village「村」と場所を表す名詞なので，関係副詞のwhereを用いる。

解答 (1) ウ　(2) ウ

ワンポイント

関係代名詞と関係副詞のどちらを使うか？

次の2文を見てみよう。

This is the place which[that] I have visited.（ここは私が訪れたことのある場所だ）

This is the place where I first met Jane.（ここは私がはじめてジェーンに会った場所だ）

先行詞がthe placeと場所を表す名詞だとしても，必ずしもwhereがくるとは限らない。下で説明しているようにthe placeは**visitedの目的語**になっているので，**関係代名詞のwhichかthat**を用いる。

This is the place. + I have visited **it** (= the place).

チェック32 5分 解答▶別冊 *p.11*

次の文の空所に入る適切な語(句)を下から選び，記号で答えなさい。

(1) (　　) he mentioned yesterday seemed to be important.

ア When　イ Where　ウ What　エ Which（石巻赤十字看護専門学校）

(2) I still remember the moment (　　) Mike told me that he loved me. It was like a dream!

ア what　イ who　ウ when　エ where

（王子総合病院附属看護専門学校・改）

(3) There are many reasons (A) I got angry at (B) he said.

A ア how　イ why　ウ what　エ which

B ア that　イ why　ウ what　エ where（市立室蘭看護専門学院）

(4) I remember the place (　　) I found the purse.

ア where　イ that　ウ which（ソワニエ看護専門学校）

(5) Michael works very hard. That's (　　) I respect him.

ア how　イ the person　ウ the thing　エ why

（新潟看護医療専門学校）

(6) That is the house (　　) we lived in ten years ago.

ア where　イ when　ウ which　エ who（石巻赤十字看護専門学校）

item 33

関係詞 (4)

関係詞の前のカンマに注意する

関係詞の非制限用法とは？

・関係詞には，前の名詞〔先行詞〕を修飾してその意味を限定する**制限用法**〔限定用法〕と，関係詞の前に「**,**」(カンマ) を置いて，**先行詞に補足的に説明を加える非制限用法**〔継続用法〕があります。

I have two brothers [who] became doctors.　　　［制限用法］
（私には医者になった兄が 2 人いる）　←兄は他にもいるかもしれない。

I have two brothers, [who] became doctors.　　　［非制限用法］
（私には兄が 2 人いて，2 人とも医者になった）←兄は 2 人だけ。

・関係詞に -ever のついた形を**複合関係詞**と言います。

whoever「～する人は〔を〕誰でも」「たとえ誰が〔を〕～しても」
whatever「～するものは〔を〕何でも」「たとえ何が〔を〕～しても」
whichever「～するものは〔を〕どちらでも」「たとえどちらが〔を〕～しても」
wherever「～するところはどこでも」「たとえどこで〔へ〕～しても」
whenever「～するときはいつでも」「たとえいつ～しても」
however「たとえどんなに～でも」

ケース 33　★★★★

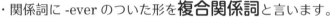

日本語に合うように，空所に適切な語(句)を下から選びなさい。

(1) この前の冬に私は香港に行ったが，そこは私が予想していたほど暖かくはなかった。

Last winter I went to Hong Kong, (　　) as warm as I had expected.

ア when wasn't　　イ where it wasn't
ウ where wasn't　　ウ which it wasn't

(2) 観光案内所では街の地図を求める人には誰にでもあげた。

The Tourist Information Center gave a city map to (　　) asked for it.

ア whom　イ whatever　ウ whoever　エ people

処方せん

(1) Last winter I went to Hong Kong, where it wasn't as warm as I had expected.　Hong Kong を先行詞とする関係副詞の非制限用法。

(2) The Tourist Information Center gave a city map to whoever asked for it.

〈give＋物＋to＋人〉「人に物をあげる」と「求める人には誰にでも」の日本語から複合関係詞の whoever が適当。

解答　(1) イ　(2) ウ

ワンポイント

前の文を先行詞とする which

非制限用法の which には，先行詞が前の文の一部，または前の文全体を先行詞とする用法がある。下の文では，which が前の Jane was on time this morning（ジェーンが今朝時間通りに来た）を受けて，それが「みんなを驚かせた」ことにつながっている。

Jane was on time this morning, **which** surprised everyone.
（ジェーンは今朝時間通りに来たので，それはみんなを驚かせた）

チェック 33　5分　解答▶別冊 *p.12*

次の文の空所に入る適切な語(句)を下から選び，記号で答えなさい。

(1) My favorite book, (　　) I borrowed from the library, is about life in Japan 100 years ago.
　ア what　　イ which　　ウ that　　エ if　　（島田市立看護専門学校）

(2) You had better visit Kyoto, (　　) has many shrines and temples.
　ア what　　イ which　　ウ where　（静岡市立静岡看護専門学校・清水看護専門学校）

(3) We tend to think of him as unsociable, (　　) is not the case.
　ア this　　イ that　　ウ which　　エ what　　（竹田看護専門学校）

(4) My brother, (　　) you met here yesterday, wants to see you.
　ア that　　イ which　　ウ who　　（呉共済病院看護専門学校）

(5) (　　) you want, I'm happy to give it to you.
　ア Whoever　　イ Whatever　　ウ Wherever　　エ Whenever
（鶴岡市立荘内看護専門学校）

(6) I'd rather have a room of my own, (　　) small it may be.
　ア even if　　イ whatever　　ウ however　　（愛仁会看護助産専門学校）

item 34

比較 (1)

「同じくらい」を表す比較表現

程度が同じものを比べる表現とは？

・2つのものや2人の人を比べて「AとBは同じくらい～」と言うときは，**〈A ... as＋形容詞〔副詞〕の原級＋as B〉**で表します。asとasの間には，**形容詞または副詞の原級**が入ります。「AはBほど～ではない」と否定を表す場合は，**〈A ... not as[so]＋形容詞〔副詞〕の原級＋as B〉**と最初のas[so]の前にnotを置きます。

Japan is as large as California.（日本はカリフォルニアと同じくらいの大きさだ）

Wales is not as large as Scotland.（ウェールズはスコットランドほど大きくない）

・**倍数**を表す表現 …〈A ... as＋形容詞〔副詞〕の原級＋as B〉のasの前に__ times（—倍）を置いて**〈A __ times as＋形容詞〔副詞〕の原級＋as B〉**で，「AはBの—倍～」と倍数を表すことができます。「2倍」は**twice**,「半分」は**half**を用います。

ケース 34 ★★★★

日本語に合うように，空所に適切な語(句)を下から選びなさい。

(1) その学生は私の息子と同じくらいの背の高さです。

The student is (　　) my son.

ア as tall　　イ tall as　　ウ as tall as

(2) トムは私の2倍の数の切手を集めた。

Tom has collected (　　) stamps as I have.

ア twice as many　　イ twice so many　　ウ as many twice

処方せん

(1) The student is as tall as my son.

「2人の背が同じくらい」と言う場合は，形容詞tall（背が高い）の前後にas～asを置く。

(2) Tom has collected twice as many stamps as I have.

「2倍」のときは，two timesではなくtwiceをasの前に用いる。「半分」はhalfを使う。

解答 (1) ウ (2) ア

ワンポイント 原級を用いた注意すべき表現

・**as＋形容詞〔副詞〕の原級＋as possible**
＝**as＋形容詞〔副詞〕の原級＋as＋人＋can**　｝「できるだけ～」

You should start **as** early **as possible** [**you can**].
（できるだけ早く出かけた方がいいでしょう）

・**not so much** A **as** B　「A というよりはむしろ B」

He is **not so much** a scholar **as** an entertainer.
（彼は学者というよりはむしろ芸能人だ）

チェック 34　4分　解答▶別冊 *p.12*

●次の文の空所に入る適切な語句を下から選び，記号で答えなさい。

(1) I don't have (　　) you.
ア books as many as　　イ as books many as
ウ as many books as　　エ as many as books　（日鋼記念看護学校）

(2) She is not (　　) an actress as a singer.
ア so much　イ as beautiful　ウ as such　エ so famous
（厚木看護専門学校）

(3) This bag is (　　) as mine.
ア three times as expensive　　イ three time as expensive
ウ as expensive three times　　エ as three times expensive
（東京山手メディカルセンター附属看護専門学校）

(4) Sasha ate (　　) sushi as her brother.
ア twice as much　　イ half much as
ウ double so many　　エ half as well　（竹田看護専門学校）

●次の日本文の意味を表すように，(　) 内の語(句)を並べかえなさい。

(5) 私はあなたほどお金をもっていない。
I (money as / much / have / as / you / don't) do.
（大川看護福祉専門学校看護学科・改）

item 35

比較（2）

2つの人やものの差を表す比較級

2つ〔人〕を比べる比較級とは？

・2つのものや2人の人を比べて「AはBより～」というときは，**〈A ... ＋形容詞〔副詞〕の比較級＋than B〉**を用います。**比較級**とは形容詞や副詞の語尾に -er をつけた形。例えば，「あなたより背が高い」は taller than you，「この車より大きい」は bigger than this car のようにします。

・つづりの長い形容詞・副詞（2音節の多くの語と3音節以上の語）には，-er をつけずに**形容詞〔副詞〕の前に more をつけます**。例えば，「あの選手より有名な」は more popular than that player となります。

・形容詞や副詞には，不規則変化をする語があります。数は少ないので，しっかり覚えておきましょう。

good / well の比較級 → better，bad / ill の比較級 → worse

many / much の比較級 → more，little の比較級 → less

・**比較級を強調する語**…「はるかに」や「ずっと」という意味の **far** や **much** を比較級の前に置いて，比較の程度の差をはっきりと示すことができます。

I am much taller than my brother.（私は兄〔弟〕よりずっと背が高い）

ケース 35 ★★★★★

日本語に合うように，空所に適切な語を下から選びなさい。

(1) 彼女は彼女の姉〔妹〕より髪が長い。

She has longer hair (　　) her sister.

ア as　　イ that　　ウ than

(2) この問題はあの問題よりずっと難しい。

This quiz is (　　) more difficult than that one.

ア far　　イ more　　ウ too

処方せん

(1) She has longer hair than her sister.

「AはBより～」は，形容詞（long）を比較級にして（long に -er をつける），〈比較級＋than〉で表す。問題文は比較級の後ろに名詞がついた形。

(2) This quiz is [far] more difficult than that one.

「あの問題よりずっと難しい」と2つのものの比較を強調するときは，far や much を比較級の前に置く。

解答 (1) ウ (2) ア

ワンポイント

同一人物の比較

「彼女は美人というよりかわいい」というように，1人の人や1つのものについての性質を比較する場合は，-er をつけて比較級を作る語でも，**more** A **than** B という形にする。(A, B はともに原級)

(×) She is *prettier* than beautiful.

(○) She is **more pretty than** beautiful.

チェック 35 4分 解答▶別冊 *p.12*

次の文の空所に入る適切な語(句)を下から選び，記号で答えなさい。

(1) My father is younger (　　) his father.

ア so　　イ as　　ウ than　　エ to

(岩手県立一関高等看護学院・岩手県立宮古高等看護学院・岩手県立二戸高等看護学院)

(2) This shirt is (　　) than that one.

ア cheaper　　イ cheap　　ウ cheapest　　エ as cheap

(津山中央看護専門学校)

(3) Which do you like (　　), cats or dogs?

ア good　　イ better　　ウ much　　エ well

(宗像看護専門学校)

(4) My new apartment has (　　) more rooms than my old one.

ア very　　イ a　　ウ most　　エ far　(仁心看護専門学校)

(5) I feel (　　) today than yesterday.

ア good　　イ best　　ウ very better　　エ much better

(富山市立看護専門学校)

item 36

比較（3）

比較級で知っておきたい重要表現

比較級を用いた頻出表現とは？

比較級を用いた注意すべき表現を覚えましょう。

・**〈the＋比較級 ～, the＋比較級 ... 〉**「～すればするほど，（ますます）…」

The longer I live in this town, the more I like it.

（長く住めば住むほど，ますますこの町が好きになる）

・**〈比較級＋and＋比較級〉**「ますます～，だんだん～」 interesting や difficult のように，比較級を作るときに more をつけて表すものの場合は，more and more interesting のように，**〈more and more＋原級〉**になります。

・**〈all the＋比較級＋for [because] ...〉**「…なので（それだけ）いっそう～」

I like Tom all the better for his shyness.

（トムは恥ずかしがり屋なので，私はいっそう彼が好きだ）

・**〈know better than to ～〉**「～するほどばかではない，～しないだけの分別がある」

・「２人〔２つ〕のうちで～な方」と比較をするときには，**〈the＋比較級＋of the two〉**という表現を用います。比較級の前に the をつけることを覚えておきましょう。

Bill is the taller of the two.（ビルは２人のうちで背の高い方です）

ケース 36 ★★★★

日本語に合うように，空所に適切な語句を下から選びなさい。

(1) 最近，多くのものの値段がますます高くなっている。

The price of many items is getting (　　) these days.

ア high and high　　イ highest and higest

ウ higher and higher

(2) トムは２人のうちで賢い方だ。　Tom is (　　) of the two.

ア the clever　　イ the cleverer　　ウ cleverer　　エ cleverest

処方せん

(1) The price of many items is getting higher and higher these days.

「ますます～」は〈比較級＋and＋比較級〉で表すことができる。price（価格）が「高い」「低い」を表すには，high や low を使う。

(2) Tom is the cleverer of the two.

「２人のうちの賢い方」と，１人に特定する表現なので比較級に the がつく。

解答 (1) ウ　(2) イ

ワンポイント

less＋原級＋than

否定の意味をもつ比較級に less がある。例えば，less young とすると，「より若くない」という意味になる。less は little の比較級なので，**less のあとには原級が続く。この表現は〈A … not as [so]＋形容詞〔副詞〕＋as B〉で言いかえられる。**

This bag is **less expensive than** that one.
（このかばんはあのかばんよりも高くない）
＝This bag is **not as [so] expensive as** that one.

チェック 36　5分　解答▶別冊 *p.13*

次の文の空所に入る適切な語(句)を下から選び，記号で答えなさい。

(1) He talked a lot but they liked him (　　) for it.

ア all the more　　イ far better
ウ further more　　エ by far　（厚木看護専門学校）

(2) The longer Professor Johnson talked, (　　) the students in the class became.

ア the more boring　　イ the more bored
ウ more exciting　　エ more excited　（倉敷中央看護専門学校）

(3) You should (　　) than to ride your bicycle in the rain.

ア know more　イ make more　ウ make better　エ know better
（帝京山梨看護専門学校）

(4) The estimate we agreed upon was (　　) of the two.

ア low　イ lower　ウ the lowest　エ the lower

(5) We are less likely to get colds in summer (　　) in winter.

ア than　イ and　ウ or　エ such as
（以上 気仙沼市立病院附属看護専門学校）

(6) Look at these two watches.　Which is the cheaper (　　) the two?

ア from　イ in　ウ of　エ than　（富山県立総合衛生学院）

item 37

比較（4）

「○○の中で一番…」を表す最上級

3つ〔人〕以上を比べる最上級とは？

・3つ以上のものや人を比較して，「Bの中でAは最も～だ」という場合に**〈A ... (the)+形容詞〔副詞〕の最上級+in[of] B〉**という形を用います。たとえば［the tallest］in the family「家族の中で最も背が高い」や［the hottest］of the four seasons「四季の中で最も暑い」のように使います。

・比較級と同じように，つづりの長い形容詞・副詞には，-estをつけずに**形容詞〔副詞〕の前にmost**をつけます。たとえば，［the most popular］in Japan「日本で最も有名な」となります。

・不規則変化する語の最上級を，比較級と合わせて覚えましょう。
good / wellの最上級→［best］，bad / illの最上級→［worst］
many / muchの最上級→［most］，littleの最上級→［least］

・**最上級を強調する語句**…比較級のときと同様に，**最上級を強調する語句**があります。**much**や**by far**「ずば抜けて～」を〈the+最上級〉の前に置きます。
This is［much [by far]］the best book I've ever read.
（これは私がこれまで読んだ中でずば抜けて一番おもしろい本です）

・最上級の表現を使って，「何番目に～な」を表すときは，**〈the+序数詞[second, third]+-est〉**を用います。
Vancouver is［the third largest］city in Canada.（バンクーバーはカナダで第3の都市です）

ケース37 ★★★★

日本語に合うように，空所に適切な語(句)を下から選びなさい。

(1) 彼は日本で一番有名なテニス選手だ。
He is (　　) tennis player in Japan.
ア not so famous　　イ the most famous
ウ not more famous　　エ so famous

(2) この山は日本で2番目に高い山だ。
This mountain is the second (　　) in Japan.
ア high　イ higher　ウ highest　エ most high

処方せん

(1) He is the [the most famous] tennis player in Japan.

3つ以上のものを比べて，「一番～」と表すときは〈the＋形容詞〔副詞〕の最上級〉で表す。

(2) This mountain is the second [highest] in Japan.

「2番目に高い山」なので，序数詞 second の後ろに最上級を置く。

解答 (1) イ　(2) ウ

ワンポイント

of と in の使い分け

in は比較の範囲を，of は比較の対象を示す。

in＋単数の名詞

My sister is the tallest **in** her class.

（姉〔妹〕はクラスで一番背が高い）

of＋複数の名詞

Feburary is the shortest **of** all the months.

（2月はすべての月の中で一番短い）

チェック 37 3分 解答▶別冊 *p.13*

次の文の空所に入る適切な語(句)を下から選び，記号で答えなさい。

(1) I like apples (　　) of all fruits.

ア better　　イ best　　ウ the more

(福島看護専門学校)

(2) My daughter is the tallest (　　) the five girls.

ア in　　イ of　　ウ between　　エ with

(新潟県厚生連佐渡看護専門学校)

(3) That building is the highest (　　).

ア of our city　　イ in our city　　ウ among our city

(JR 東京総合病院高等看護学園)

(4) Bob got the (　　) score in his class.

ア as good　　イ better　　ウ best　　エ goodest

(PL 学園衛生看護専門学校)

item 38

比較（5）

最上級と同じ意味を比較級や原級を用いた文で表す

最上級の内容を表す原級や比較級の表現とは？

・原級や比較級を用いた文が最上級の内容を表すことがあります。

〈No (other)＋単数名詞＋as [so]＋原級＋as ...〉「…ほど～なものはない」

〈No (other)＋単数名詞＋比較級＋than ...〉「…より～なものはない」

〈比較級＋than any other＋単数名詞〉「他のどんな…よりも～である」

[No (other) city] in Japan is [as [so] big as] Tokyo.

＝[No (other) city] in Japan is [bigger than] Tokyo.

＝Tokyo is [bigger than any other city] in Japn.

（東京ほど大きな都市は日本には他にない）

・no more than ～などの注意すべき表現を覚えましょう。形が似ているので，同じ意味を表す語（句）も合わせて覚えておくといいでしょう。

no more than ～ ＝ only ～「たった～しか」
not more than ～ ＝ at most ～「多くても～，せいぜい～」
no less than ～ ＝ as many as ～「～もの（数が多いことを表す）」
not less than ～ ＝ at least ～「少なくとも～」

ケース 38 ★★★★

日本語に合うように，空所に適切な語（句）を下から選びなさい。

(1) 日本のどの湖も琵琶湖ほど大きくない。

No other lake in Japan is (　　) Lake Biwa.

ア very larger as　　イ so large as
ウ the largest　　エ as large so

(2) ここには200本もの多くの桜の木がある。

There are (　　) less than two hundred cherry trees here.

ア not　　イ much　　ウ far　　エ no

処方せん

(1) No other lake in Japan is [so large as] Lake Biwa.
最上級の内容を表している。後ろの as は so に言いかえられないのでエは不可。

(2) There are [no] less than two hundred cherry trees here.

no less than ～は「～もの」という意味で，数が多いことを表す。

解答 (1) イ (2) エ

ワンポイント

他の「比較級 ⇄ 最上級」の書きかえ

〈最上級＋名詞＋that (関係代名詞)＋I have ever＋過去分詞〉

「今までに～した中で一番…」

This is the **most beautiful** scene **that I have ever** seen.

(これは私が今までに見た一番美しい景色だ)

〈have never＋過去分詞＋(a)＋比較級＋名詞＋than ～〉

「～より…な (名詞) は一ことがない」

I **have never seen a more beautiful** scene **than** this.

(私はこれより美しい景色を見たことがない)

チェック38 4分 解答▶別冊 *p.13*

次の文の空所に入る適切な語(句)を下から選び，記号で答えなさい。

(1) You are more serious than (　　) other student in our class.

ア any　　イ much　　ウ many　　エ some

(尾道市医師会看護専門学校)

(2) Anna speaks Japanese (　　) than any other girl in her class.

ア fluent　　イ more fluent　　ウ fluently　　エ more fluently

(東京山手メディカルセンター附属看護専門学校)

(3) Diamonds are (　　) than any other stone.

ア hard　　イ harder　　ウ hardest　　エ the hardest

(香里ヶ丘看護専門学校)

(4) No other mountain in Japan is (　　) Mt. Fuji.

ア as high so　　イ so high as

ウ the highest　　エ very higher as

(九州中央リハビリテーション学院)

(5) I have (　　) more than 200 yen with me.

ア never　　イ any　　ウ no　　エ none

(三友堂看護専門学校・改)

item 39

仮定法 (1)

事実と違うことを想像する文

仮定法過去とは？

・**仮定法** … 事実と異なることを，「もし～ならば」と仮定するときに使う表現です。

If I [had] enough money, I [would travel] around the world.

（もし十分なお金があれば，私は世界中を旅するのに）

「もし～ならば」の意味をもつ If の文が，必ず仮定法であるとは限りません。

If it [is] a fine day tomorrow, I [will go] hiking.

現在形

（もし明日晴れならば，私はハイキングに行きます）

明日晴れることは十分にあり得るので，ここでは直説法（事実を事実のままに述べる）を用いています。この if は単なる「条件」を表します。

・**仮定法過去** … **現在の事実に反することを仮定する**ときや，**起こる可能性が非常に低いこと**を表します。仮定法過去は，現在のことを述べていますが，**動詞は過去形**を用います。be 動詞は，主語にかかわらず原則として **were** を用います。

「もし（今）S が～ならば，	S は…するのだが」
If＋S＋{ were ～ / 動詞の過去形,}	**S＋{ would / might / could / should }＋動詞の原形 ….**

ケース 39 ★★★★★

日本語に合うように，空所に適切な語(句)を下から選びなさい。

(1) もし私が鳥だったら，あなたのところへ飛んで行けるのに。

If I (　　) a bird, I could fly to you.

ア am　　イ were　　ウ will be　　エ would be

(2) 彼がパーティーに来れば，彼女は喜ぶでしょう。

She (　　) happy if he came to the party.

ア would be　　イ will be　　ウ was　　エ were

処方せん

(1) If I [were] a bird, I could fly to you.

文頭に If があり，「,」（カンマ）の後ろには could fly があるので，現在の内容とは異なることを表す仮定法過去の文であるとわかる。if節中では原則として過去形wereを使うがwasも可。

(2) She [would be] happy if he came to the party.
If節の動詞が過去形cameになっているので，現在の事実に反する仮定を表す仮定法過去と考える。if節が後ろにきている点に注意する。

解答 (1) イ (2) ア

ワンポイント

would / might / could / shouldの使い分け

〈would＋動詞の原形〉「～するだろうに」
〈might＋動詞の原形〉「～かもしれない」
〈could＋動詞の原形〉「～できるのに」
〈should＋動詞の原形〉「～するのだが」(主語がI, weの場合)

If he **tried** another business, he **might succeed**.
(もし彼が別の事業をやってみれば，成功するかもしれない)

チェック39 4分 解答▶別冊 *p.13*

次の文の空所に入る適切な語(句)を下から選び，記号で答えなさい。

(1) If I (　) how to swim, I would go to the beach more often.
ア know　イ knew　ウ will know　エ had known
(九州中央リハビリテーション学院)

(2) I (　) silent if I were you.
ア keep　イ will keep　ウ would keep　エ was keeping
(倉敷中央看護専門学校)

(3) It would be better if you (　) this weekend rather than next.
ア gone　イ shall go　ウ went　エ will go
(厚木看護専門学校)

(4) If Ken (　) here, he would give us good advice on this matter.
ア is　イ has been　ウ were　エ would be
(一宮市立中央看護専門学校)

(5) He wouldn't act that way if he (　) in Japan.
ア can be　イ is　ウ were　エ would be
(磐城共立高等看護学院)

item 40 仮定法 (2)
過去の事実と異なった内容を表現する

仮定法過去完了とは？

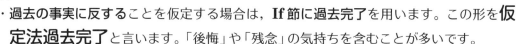

・**過去の事実に反する**ことを仮定する場合は，**If 節に過去完了**を用います。この形を**仮定法過去完了**と言います。「後悔」や「残念」の気持ちを含むことが多いです。

「もし（過去に）S が～だったら，	S は…していただろう」
If＋S＋had＋過去分詞 ～,	**S＋{would / might, could / should} have＋過去分詞 … .**

If he [had been] a little more careful, he [would not have failed].
（もし彼がもう少し注意深かったら，失敗していなかっただろうに）

ケース 40 ★★★★★

日本語に合うように，空所に適切な語（句）を下から選びなさい。

(1) もし私がそのときカメラをもっていたら，湖の写真を撮っていたのに。

If I (　　) a camera with me then, I would have taken a picture of the lake.

ア have　　イ had　　ウ had had　　エ have had

(2) もし私がそのときやるべきことがあったなら，それをしていただろう。

I (　　) it if I had had something to do at that time.

ア would have done　　イ will do
ウ will have done　　エ would do

処方せん

(1) If I [had had] a camera with me then, I would have taken a picture of the lake.

「,」カンマの後ろに would have taken があることと，If 節に then（そのとき）とあることから，仮定法過去完了を用いることがわかる。

(2) I [would have done] it if I had had something to do at that time.

後半に if I had had ～とあることから，過去のことを仮定する仮定法過去完了を用いることがわかる。If 節が後ろにきている形。

解答 (1) ウ (2) ア

ワンポイント

〈仮定法過去完了＋仮定法過去〉

「もしあのとき～だったなら，今は…なのに」のように言う場合は，次の
（過去）（現在）
ようになる。

〈If＋S＋had＋過去分詞，S＋{would / might, could / should}＋動詞の原形〉

If you **had eaten** breakfast, you **would not be** hungry now.
（had eaten：仮定法過去完了）（would not be：仮定法過去）
（もし朝食をとっていたら，今お腹がすくことはないでしょう）

チェック 40 5分 解答▶別冊 *p.14*

次の文の空所に入る適切な語(句)を下から選び，記号で答えなさい。

(1) If you had studied harder, you might (　　) passed the exam.

ア do　イ done　ウ have　エ had　（鶴岡市立荘内看護専門学校）

(2) If she had heard this news, she (　　) pleased.

ア was　イ would be　ウ would have been　エ would been

（王子総合病院附属看護専門学校）

(3) If I (　　) about his illness, I would have visited him at the hospital.

ア know　イ have known

ウ might have known　エ had known　（厚木看護専門学校）

(4) This vase (　　) if you hadn't caught it.

ア would have broken　イ will have broken

ウ had broken　エ have broken

（杏林大学医学部附属看護専門学校）

(5) He would have helped you with your homework if you (　　) him that you needed help.

ア asked　イ had asked　ウ would have told　エ had told

（岐阜県立衛生専門学校・岐阜県立多治見看護専門学校・岐阜県立下呂看護専門学校）

難 (6) Why did you do nothing for me then? You (　　) me if you had had enough kindness!

ア can help　イ could help　ウ couldn't help　エ could have helped

（竹田看護専門学校）

item 41

仮定法 (3)

実現しそうにない未来のことを表す

未来のことを仮定する表現とは？

・**未来のことを仮定する表現**で覚えておきたいものは，次の２つです。

〈If+S+should+動詞の原形〉「もし万一Ｓが～ならば」 **未来の実現の可能性が少ないことを仮定**する場合に用いられます。主節に命令文がくる場合があります。

If you [should] need any help, just let me know.
（あなたが手助けを必要とするなら，知らせてください）

〈If+S+were to+動詞の原形〉「もし仮にＳが～ならば」 **未来の実現の可能性がほとんどないか，あるいは全くないような仮定**をする場合に用いられます。

・**仮定法を使った重要表現**を覚えましょう。

〈as if[though]+S+動詞の過去形〉「（今）まるでＳが～であるかのように」

〈as if[though]+S+had+過去分詞〉「（過去に）まるでＳが～であったかのように」

He talks [as if[though]] he [knew] everything.（彼はまるで何でも知っているかのように話す）

〈If it were[was] not for ～〉「もし～がなければ」

〈If it had not been for ～〉「もし～がなかったならば」

ケース 41　★★★★★

日本語に合うように，空所に適切な語(句)を下から選びなさい。

(1) もし万一彼女が遅れてきたら，この伝言を彼女に渡してください。

If she (　　) late, give her this message.

ア would come　　イ should come　　ウ shall come

(2) 彼女はまるで幽霊を見たかのように顔が青ざめていた。

She turned pale as if she (　　) seen a ghost.

ア would　　イ has　　ウ had　　エ was

(3) 彼は怠惰でなければ，いいやつなのに。

(　　) his idleness, he would be a nice fellow.

ア It were not for　　イ If it were not for

ウ If he had not been for　　エ If it had not been for

処方せん

(1) If she [should come] late, give her this message.

「万一～ならば」の意味なので，〈should＋動詞の原形〉にする。

(2) She turned pale as if she [had] seen a ghost.

「幽霊を見た」のは「顔が青ざめる」前なので，〈as if＋S＋had＋過去分詞〉。

(3) [If it were not for] his idleness, he would be a nice fellow.

「～がなければ」の意味なので，仮定法過去の〈If it were not for ～〉が入る。

解答　(1) イ　(2) ウ　(3) イ

ワンポイント

If it were not [had not been] for ～＝But for [Without] ～

If it were not for ～と If it had not been for ～は **But for ～**か **Without ～**で書きかえられる。

If it had not been for your assistance, I would have failed.
（あなたの手助けがなかったら，私は失敗していただろう）
＝**But for** your assistance, I would have failed.
＝**Without** your assistance, I would have failed.

But for ～と Without ～は，時制の区別がいらないので便利な表現ね。

チェック 41　4分　解答▶別冊 *p.14*

次の文の空所に入る適切な語(句)を下から選び，記号で答えなさい。

(1) If Karen (　) come to see me, tell her to wait here.

ア were　イ have　ウ should　エ would

（気仙沼市立病院附属看護専門学校・改）

(2) He looks pale as if he (　).

ア is sick　イ were sick　ウ should be sick
エ is being sick　オ be sick

（北九州看護大学校）

(3) (　) your help, I couldn't finish the work.

ア With　イ Without　ウ If　エ On

（気仙沼市立病院附属看護専門学校）

(4) (　) my father's help, I could not have graduated from Harvard University in four years.

ア Lest　イ But for　ウ Should　エ Were

（宝塚市立看護専門学校）

(5) (　) this medicine, she would have died.

ア But　イ Instead　ウ For　エ Without

（東邦大学佐倉看護専門学校）

item 42

仮定法（4）

Ifが省略されると語順も変わる

Ifがない場合の仮定法の文の見分け方は？

・仮定法の文で **Ifが省略**され，**(助)動詞が主語の前**にくることがあります。Ifが省略されるのは，were, had, shouldが文頭に出る倒置の場合だけです。

If [I] [had] known the news, I would have told you.

（もし私がそのニュースを知っていたら，あなたに教えただろう）

[Had] [I] known the news, I would have told you.

・**I wish**…後ろに仮定法を続けて，実際にはかなえられない**願望**を表します。

現在の願望…**〈I wish＋S＋動詞の過去形 ～.〉**「（今）～であればいいのに」

過去の願望…**〈I wish＋S＋had＋過去分詞 ～.〉**「（以前）～であったらよかったのに」

I [wish] I [had apologized to] her then.

（あのとき彼女にあやまっておけばよかった）

・**〈It is time＋S＋動詞の過去形〉**「Sは～する時間だ」 timeの前にabout（そろそろ）やhigh（とっくに）がつくこともあります。

ケース 42 ★★★

日本語に合うように，空所に適切な語(句)を下から選びなさい。

(1) 彼の性格をもっと知っていたら，私は彼を信頼していなかっただろう。

(　　) I known more about his character, I would not have trusted him.

ア If　イ Could　ウ Had　エ As

(2) その試合は大変おもしろかった。あなたもそこにいたらよかったのに。

The game was a lot of fun. I wish you (　　) there.

ア were　イ had been　ウ have been　エ would be

(3) もう11時だ。あなたは寝る時間だ。

It’s already eleven. It’s high time you (　　) in bed.

ア are　イ have been　ウ were　エ will be

処方せん

(1) Had I known more about his character, I would not have trusted him.
「,」カンマの後ろに would not have trusted があることから，仮定法過去完了の文だとわかる。前半は〈If＋S＋had＋動詞の過去分詞〉がくるが，後ろの I known から if の省略だと考えられる。

(2) The game was a lot of fun.　I wish you had been there.
前半の部分から過去の内容であることがわかる。

(3) It's already eleven.　It's high time you were in bed.
〈It's high time＋S＋動詞の過去形〉で「S はとっくに～する時間だ」。

解答　(1) ウ　(2) イ　(3) ウ

ワンポイント

〈I wish＋仮定法〉＝〈If only ～！〉

〈I wish＋仮定法〉は「～であればいいのに」という意味を表す。I wish の部分を If only に変えても，ほぼ同じ意味で用いることができる。

I wish I had a driver's license.（運転免許証をもっていさえすればなあ）
＝**If only** I had a driver's license!

チェック 42　3分　解答▶別冊 *p.14*

次の文の空所に入る適切な語(句)を下から選び，記号で答えなさい。

(1) I wish I (　　) more time at home.
ア will spend　イ could spend　ウ spend　エ will have spent
（北海道立旭川高等看護学院・北海道立紋別高等看護学院・北海道立江差高等看護学院）

(2) If (　　) I could swim as fast as you!
ア only　イ not　ウ but　エ then　オ that（昭和大学医学部附属看護専門学校）

(3) It is time you (　　) to bed, Satoru.
ア to going　イ to go　ウ gone　エ went　オ had went
（イムス横浜国際看護専門学校）

(4) It is (　　) a job to support your family.
ア about time you got
イ the almost time for you to have
ウ already a time that you should take（名古屋市立中央看護専門学校・改）

item 43

接続詞（1）

前にある語や語のカタマリを対等の関係で並べるものがある

等位接続詞とは？

・接続詞には**等位接続詞**と呼ばれるものと**従属接続詞**と呼ばれるものがあります。等位接続詞とは，語と語，句と句，節と節を対等に結ぶ接続詞で，**and**（～と…），**but**（～しかし…），**or**（～または…），**for**（というのは～だから），**so**（それで）があります。一方，従属接続詞とは，節と節を主と従の関係で結ぶ接続詞です（→item 44）。

He is small **but** strong.　［語と語］
（彼は，体は小さいが強い）

The students sat on the bench **and** on the ground.　［句と句］
（学生たちはベンチや地面の上に座っていた）

・**等位接続詞を使った表現** … どの表現も重要なので，意味とともに覚えましょう。

either A or B「A か B かどちらか」，**both A and B**「A も B も両方とも」，
not A but B「A ではなく B」，**neither A nor B**「A も B も～ない」，
not only A but (also) B「A だけでなく B もまた」，
It is true (that) ～ , but … .「たしかに～だが，…」 など

She is not my sister, but my cousin.
（彼女は私の姉〔妹〕ではなく，いとこだ）

It is true that he is young, but he is clever for his age.
（たしかに彼は若いが，年齢の割に賢い）

ケース 43　★★★

日本語に合うように，空所に適切な語(句)を下から選びなさい。

(1) あなたはとり肉か魚のどちらかを食べることができます。

You can have (　　) chicken or fish.

ア neither　イ both　ウ either　エ but

(2) 彼も彼女も手助けを求めるような人間ではありませんでした。

Neither he (　　) she was the type to ask for help.

ア so　イ nor　ウ or　エ and

処方せん

(1) You can have [either] chicken or fish.

空所のあとにchicken or fish「とり肉か魚」とあるので，「AかBかどちらか」の意味をもつ〈either A or B〉が考えられる。

(2) Neither he [nor] she was the type to ask for help.

「AもBも〜ない」は〈neither A nor B〉を用いる。

解答 (1) ウ (2) イ

ワンポイント

〈命令文，and [or] ...〉

〈命令文，and ...〉は「〜しなさい，そうすれば…」の意味に，〈命令文，or ...〉は「〜しなさい，さもなければ…」の意味になる。どちらの表現もifの文に書きかえられる。

Start at once, **and** you can catch the train.
(すぐに出発しなさい，そうすれば電車に乗れますよ)
→ If you start at once, you can catch the train.

Start at once, **or** you will miss the train.
(すぐに出発しなさい，さもなければ電車に乗り遅れますよ)
→ If you don't start at once, you will miss the train.

チェック 43 4分 解答▶別冊 *p.15*

次の文の空所に入る適切な語を下から選び，記号で答えなさい。

(1) Keep away from me, ( ) I have a very bad cold.
ア and イ but ウ for エ so (富山県立総合衛生学院)

(2) ( ) plastic nor paper bags are good for the environment.
ア Either イ Neither ウ Both エ One (仁心看護専門学校)

(3) I think he is a very intelligent person, ( ) many people don't agree with me.
ア but イ for ウ which エ who (厚木看護専門学校)

(4) Run fast, ( ) you'll be late.
ア but イ or ウ and エ that (京都桂看護専門学校)

難 (5) They should practice more, ( ) they would lose the final game.
ア or イ and ウ but (石川県立総合看護専門学校・改)

item 44

接続詞（2）

主従の関係でつなぐものがある

従属接続詞とは？

・**従属接続詞**は，〈従属接続詞＋S_1+V_1～，S_2+V_2 …〉や〈S_2+V_2 …従属接続詞＋S_1+V_1～.〉のように使われ，「**時**」や「**条件**」，「**原因**」などの意味を表します。従属接続詞は等位接続詞と比べて数が多いので，確実に覚えましょう。

・「**時**」を表す … **when**（～するとき），**after**（～したあと），**before**（～する前），**till**［**until**］（～するまで），**by the time**（～するまでに），**as soon as**（～するとすぐに）　など

・「**理由**」を表す … **because / since / as**（～だから），**now that**（もう～なのだから）　など

Now that you have finished your job, you are free to go home.
（あなたはもう仕事を終えたので，自由に家に帰ってよい）

・「**条件・仮定**」を表す … **if**（もし～ならば），**unless**（～しない限り），**as long as**（～するかぎり）　など

You may stay here **as long as** you keep quiet.
（静かにしているなら，ここにいてもいいよ）

・「**譲歩**」を表す … **though**［**although**］（～だけれども），**while**（～だけれども，しかし一方），**even if**（たとえ～でも）　など

Even if you make great efforts, you won't be able to achieve it.
（たとえ大変な努力をしても，あなたはそれを達成することができないだろう）

・「**目的**」を表す … **so that ～ may**［**can / will**］**…**（…する〔できる〕ように），**in case**（～するといけないから）　など

ケース 44　★★★

日本語に合うように，空所に適切な語を下から選びなさい。

(1) 私は宿題を終えるまで，今夜は寝ないつもりだ。

I'm not going to sleep tonight (　　) I finish my homework.

ア by　　イ during　　ウ until

(2) 彼女はより熱心に勉強したが，成績は低かった。

(　　) she studied harder, her grades were low.

ア Since　　イ However　　ウ Although

処方せん

(1) I'm not going to sleep tonight [until] I finish my homework.

後半に〈従属接続詞＋S_1＋V_1〉のカタマリが置かれている。ア by とイ during は前置詞なので，後ろにS＋Vはこない。

(2) [Although] she studied harder, her grades were low.

she studied harder「より一生懸命勉強した」のに，her grades were low「成績は低かった」の意味なので，「～だけれども」を表すウ although を選ぶ。

解答 (1) ウ (2) ウ

ワンポイント

as soon as と同じ意味を表す表現

〈no sooner ～ than ...〉，〈hardly [scarcely] ～ when [before] ...〉も「～するとすぐに…」の意味を表す。

She had **no sooner** looked at the camera **than** she smiled at it.

= She had **hardly** [**scarcely**] looked at the camera **when** [**before**] she smiled at it.

（彼女はカメラを見るとすぐに，それに向かってほほえみかけた）

チェック 44 4分 解答▶別冊 *p.15*

次の文の空所に入る適切な語(句)を下から選び，記号で答えなさい。

(1) I used to go to the library (　　) I was a high school student.

ア why　　イ when　　ウ how　　(静岡市立静岡看護専門学校・清水看護専門学校)

(2) I like shoyu ramen, (　　) she prefers miso ramen.

ア when　　イ also　　ウ while　　エ if　　(仁心看護専門学校)

(3) "Always look right, look left, then right again (　　) you cross the road," the kindergarten teacher reminded her young children.

ア after　　イ before　　ウ then　　(石川県立総合看護専門学校)

(4) (　　) he knew the truth, he didn't tell me it.

ア But　　イ Though　　ウ As　　エ That　　(帝京山梨看護専門学校)

(5) I won't take you to the hospital (　　) you ask me to do so.

ア as soon as　　イ though　　ウ as long as　　エ unless

(日鋼記念看護学校・改)

item 45

接続詞 (3)
〈that+S+V〉のカタマリが主語・目的語・補語になる

接続詞 that とは？

・that には指示代名詞・形容詞・関係代名詞などいろいろな働きがあります。ここでは**接続詞の that** について確認しましょう。〈that+S+V〉で大きなカタマリを作り，「S が～するということ」という意味で，**文中で主語・目的語・補語の働き**をします。

・〈that+S+V〉「S が～すること」のカタマリが文の主語になる場合は，主語が長くならないように，代わりに **It を主語**にして，**that 以下を文末に置きます。**

That he told a lie to us is certain.（彼が私たちに嘘をついたのは明らかなことだ）
S V C

＝It is certain that he told a lie to us.

・**〈so ～ that ...〉など**

〈so+形容詞〔副詞〕+that+S+V〉 ｝「とても～なので S は…する」
〈such a[an]+形容詞+名詞+that+S+V〉 ｝「S が…するほど～だ」

He was so bright that others admired him.
（彼はとても賢かったので，他の人は彼を尊敬した）

He was such a bright man that others admired him.
（彼はとても賢い男性だったので，他の人は彼を尊敬した）

ケース 45 ★★★★

日本語に合うように，空所に適切な語を下から選びなさい。

(1) あなたは彼らのチームが決勝戦に勝利したということを信じられますか。
Can you believe (　　) their team won the final match?
ア that　　イ what　　ウ to　　エ because

(2) 私はとても疲れていたので，昨晩は早く寝た。
I was (　　) tired (　　) I went to bed early last night.
ア so / because　　イ too / that　　ウ so / that　　エ such / that

処方せん

(1) Can you believe that their team won the final match?
S V O

問題文は，空所以降が「彼らのチームが決勝戦に勝利したこと」の意味で believe の目的語になっているので，名詞節を導く that が入る。

⑵ I was [so] tired [that] I went to bed early last night.

最初の空所の後ろに形容詞だけがきているので，〈so＋形容詞〔副詞〕＋that＋S＋V〉の表現にする。

解答 ⑴ ア ⑵ ウ

ワンポイント

接続詞 if, whether

接続詞の if，whether が導く節は「～かどうか」の意味を表し，文中で目的語になる。whether が導く節は目的語の他に主語，補語になる。

I don't know <u>if[whether] she will understand me.</u>
S **V** **O**
（彼女が私のことを理解しているかどうかわからない）

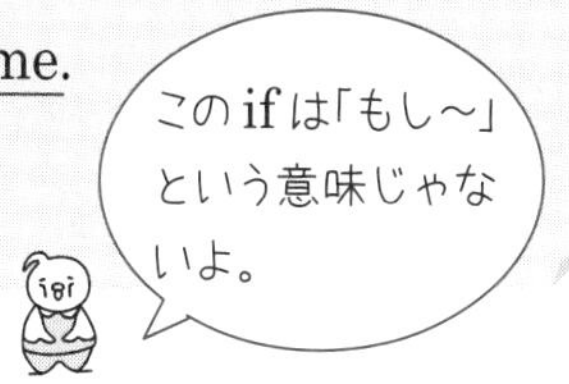

このifは「もし～」という意味じゃないよ。

チェック 45 5分 解答▶別冊 *p.15*

● 次の文の空所に入る適切な語を下から選び，記号で答えなさい。

⑴ I was not sure (　　) he would come to my birthday party.
ア and　イ that　ウ so　エ if　（王子総合病院附属看護専門学校）

⑵ My mother asked me (　　) we should go out for lunch or eat at home.
ア that　イ what　ウ whether　エ which　（新潟看護医療専門学校）

⑶ This piano is (　　) heavy that we need five people to move it.
ア so　イ too　ウ very　エ such　（倉敷中央看護専門学校）

⑷ It was (　　) a lovely day that everbody felt like going for a walk.
ア as　イ so　ウ very　エ such　（厚木看護専門学校）

● 次の日本語の意味を表すように，(　) 内の語(句)を並べかえなさい。⑸は A，B に入る語を答えなさい。

⑸ 彼女の話はとてもおもしろいので，すべての生徒は彼女の話に聞き入っている。
Her (　　) (　　) (A) interesting (　　) all the (　　) (B) (　　) to her.
(listening / that / is / so / students / are / story)
（岩手県立一関高等看護学院・岩手県立宮古高等看護学院・岩手県立二戸高等看護学院）

⑹ 彼女たちが間違っているのは，私には明らかです。
(me / is / are / it / clear to / that / they) wrong.　（福井県立看護専門学校・改）

item 46

前置詞

名詞の前に置いていろいろな意味を表す

前置詞とは？

・**前置詞**とは，名詞の前に置く言葉で「時」や「場所」などを表します。基本的なものを覚えておきましょう。

・「時」を表す … **at** five o'clock（5時に），**on** Sunday（日曜日に），**in** winter（冬に），**from** morning **to** night（朝から夜まで），**since** 2017（2017年から），**before** breakfast（朝食前に），**after** lunch（昼食後に），**for** a week（1週間），**during** the holidays（休暇中） など

・「場所」を表す … **at** the station（駅で），**in** Japan（日本で），**on** the table（テーブルに），**over** the mountain（山の真上に），**under** the desk（机の真下に），**in front of** the house（家の前に），**behind** the tree（木の後ろに），**between** Jane and Bob（ジェーンとボブの間に），**for** Tokyo（東京に向けて） など

・「原因」「理由」「方法」などを表す … **at** the news（知らせで），**from** overwork（働き過ぎで），**by** ship（船で），**with** a pen（ペンで），**in** English（英語で），die **of** cancer（ガンで死ぬ） など

ケース 46 ★★★★★

日本語に合うように，空所に適切な語を下から選びなさい。

(1) 私たちの学校は4月から始まります。

Our school starts (　　) April.

ア on　イ in　ウ from

(2) 彼はインタビューの間，突然，緊張し始めた。

He suddenly began to feel nervous (　　) the interview.

ア during　イ while　ウ until

処方せん

(1) Our school starts [in] April.

「4月から始まる」は(×)*from* April ではなく，in April となる。日本語の「～から」に惑わされないこと。

(2) He suddenly began to feel nervous [during] the interview.

「～の間」の日本語から，ア during かイ while のどちらかが考えられる。空所のあとが名詞 the interview だけなので，空所に接続詞は入らない。

解答 (1) イ　(2) ア

ワンポイント

注意すべき前置詞

・by と until [till]…by は「～までには」の意味で期限を表す。until [till] は「～まで（ずっと）」の意味で継続を表す。

I'll have to finish this work **by** four.
（私は4時までにこの仕事を終えなければならない）

I'll stay home **until [till]** four.
（私は4時まで家にいます）

チェック 46 5分　解答▶別冊 p.15

次の文の空所に入る適切な語(句)を下から選び，記号で答えなさい。

(1) My son was in the hospital (　　) six months.
ア while　　イ for　　ウ in　　エ during　　（三友堂病院看護専門学校）

(2) We had a severe earthquake (　　) Friday evening.
ア at　　イ on　　ウ in

(3) She went to the post office (　　) bicycle yesterday.
ア with　　イ by　　ウ on　　（以上 愛仁会看護助産専門学校）

(4) I have to hand in the report (　　) the end of this month.
ア in　　イ for　　ウ by　　エ on　　（島田市立看護専門学校）

(5) We have to stay here (　　) next Friday.
ア at　　イ by　　ウ in　　エ until　　（新潟県厚生連佐渡看護専門学校）

(6) The president left (　　) America this morning.
ア to　　イ for　　ウ onto　　エ by　　（こまつ看護学校）

item 47

付加疑問

文末に疑問形をつけて「～ですね」という表現

付加疑問とは？

・**自分の発言を確認したり，念を押したりするときに**使う表現です。日本語の「～ですね？」と考えればいいです。付加疑問の形は，以下のとおりです。

「～ですね」　**〈肯定文，否定の疑問形？〉**

「～ではないのですね」　**〈否定文，肯定の疑問形？〉**

主語を代名詞にすることと，否定形は短縮形にすることを忘れないように。

Your brother likes English, [doesn't] [he]?
（doesn't：否定形　he：主語〔代名詞〕）

（あなたのお兄さん〔弟さん〕は英語が好きですね）

助動詞があれば，付加疑問にも同じ助動詞を使います。

Ken can't swim, [can] [he]?　（ケンは泳ぐことができないのですね）
（can't：助動詞　can：助動詞　he：代名詞）

ケース 47　★★★★

日本語に合うように，空所に適切な語句を下から選びなさい。

(1) あなたは大学生ですよね。

You are a college student, (　　)?

ア aren't you　イ don't you　ウ are you

(2) ケンは今朝，朝ご飯を食べなかったのね。

Ken didn't eat breakfast this morning, (　　)?

ア were Ken　イ did he　ウ didn't Ken

処方せん

(1) You are a college student, [aren't you]?
are の否定形 aren't を用いて付加疑問を作る。

(2) Ken didn't eat breakfast this morning, [did he]?
前の文は否定文なので，付加疑問は肯定の形にする。名詞（Ken）は代名詞にするのを忘れないこと。

解答　(1) ア　(2) イ

ワンポイント

いろいろな文の付加疑問

命令文には，will you? をつける。

Give me a hand, **will you?**
（手を貸してくれませんか）

Let's を使った命令文には，shall we? をつける。ただし，Let ～（～させてください）**で始まる命令文は，will you? をつける。**

Let's have dinner, **shall we?**
（夕食を食べましょう）

Let me think about it, **will you?**
（それについて考えさせてください）

There is [are] ～. の文には，isn't [aren't] there? をつける。

There is someone over there, **isn't there?**
（向こうに誰かいますね）

チェック 47 3分 解答▶別冊 *p.16*

次の文の空所に入る適切な語(句)を下から選び，記号で答えなさい。

(1) She is your mother, (　　) she?
ア do　　イ are　　ウ aren't　　エ isn't
（PL 学園衛生看護専門学校）

(2) She's been studying English for three years, (　　) she?
ア does　　イ doesn't　　ウ hasn't　　エ is
（旭川荘厚生専門学院）

(3) It is very hot here.　Open the window, (　　)?
ア do you　　イ can you　　ウ will you
（福島看護専門学校）

(4) Let me take a look at this photo, (　　)?
ア don't you　　イ will you　　ウ don't we　　エ shall we
（九州中央リハビリテーション学院）

item 48

否定

「～でない」と否定するさまざまな表現

否定を表すとは？

・**一般的な否定**は **not**「～でない」，**強い否定**は **never**「決して［一度も］～ない」で表します。**名詞の前に no を置いて**「何も～ない」という言い方もあります。

She has no sisters.＝She doesn't have any sisters.（彼女には姉妹がいません）

・not の後ろに all（すべて）や both（両方とも）がくると，「すべては～ではない」のように**文の一部を否定する表現**になります。代表的な部分否定を覚えておきましょう。

［**not all** ～「すべてが～というわけではない」，**not every** ～「すべてが～というわけではない」，**not both** ～「両方とも～というわけではない」，**not always** ～「いつも～というわけではない」 など］

I do not always walk to school.
（私はいつも学校へ歩いて行くというわけではない）

・**否定を表す表現** … 否定語を用いずに否定を表す表現も数多くあります。

［**nothing but** ～「～だけ」，**cannot** ～ **too** ...「いくら…しても～しすぎることはない」，**not** ～ **until**［**till**］...「…してはじめて～する」，**far from** ～「～にはほど遠い」，**the last ... to**［**that**］～「～しそうもない…」，**free from** ～「～がない」 など］

This report is free from errors.
（この報告書には誤りがない）

ケース 48 ★★★★

日本語に合うように，空所に適切な語(句)を下から選びなさい。

(1) ヘビを恐れないで。すべてのヘビが毒をもっているわけではない。

Don't be afraid of snakes. Not (　　) snake is poisonous.

ア either　イ any　ウ every

(2) 彼は陰で他人の悪口を言うような人間ではない。

He would be the (　　) person to speak ill of others behind their backs.

ア very　イ worst　ウ first　エ last

処方せん

(1) Don't be afraid of snakes. Not [every] snake is poisonous.
not every 〜で「すべてが〜というわけではない」という部分否定を作る。

(2) He would be the [last] person to speak ill of others behind their backs.
「〜しそうもない人」は「〜する一番最後の人」と考える。

解答 (1) ウ (2) エ

ワンポイント

準否定

完全に否定してはいないが，「ほとんど〜ない」「めったに〜ない」など，意味の弱い否定を準否定と言う。

few, little 「(数・量が) ほとんどない」(→*item 8*)
hardly, scarcely 「ほとんど〜ない」
seldom, rarely 「めったに〜ない」

I could **hardly** sleep last night. (昨夜はほとんど寝られなかった)
一般動詞の前に置かれる

Mary is **seldom** late for her appointments.
be 動詞・助動詞のあとに置かれる
(メアリーは約束にめったに遅れない)

チェック 48 3分 解答▶別冊 *p.16*

●次の文の空所に入る適切な語(句)を下から選び，記号で答えなさい。

(1) Jane found that she had (　　) money left in her purse, so she went to an ATM.
ア every　イ any　ウ much　エ no (津山中央看護専門学校)

(2) It was not (　　) last night that I heard the news.
ア since　イ until　ウ yet (愛仁会看護助産専門学校)

●次の日本文の意味を表すように，(　) 内の語(句)を並べかえなさい。

(3) メンバーの全員が会議に出席したわけではなかった。
(the members / the meeting / attended / all / not / of).
(鶴岡市立荘内看護専門学校・改)

(4) この世の中ではどんなに注意しても注意しすぎることはないということを，心にとめておきなさい。
You should keep (too / in / that / careful / cannot / you / in mind / be) the world.
(竹田看護専門学校)

item 49

間接疑問
疑問文が文中に入ると語順が変わる

間接疑問とは？

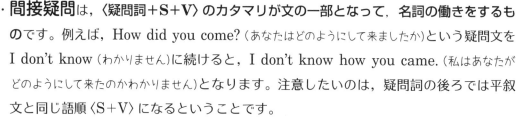

・**間接疑問**は，〈疑問詞＋S＋V〉のカタマリが文の一部となって，名詞の働きをするものです。例えば，How did you come?（あなたはどのようにして来ましたか）という疑問文をI don't know（わかりません）に続けると，I don't know how you came.（私はあなたがどのようにして来たのかわかりません）となります。注意したいのは，疑問詞の後ろでは平叙文と同じ語順〈S＋V〉になるということです。

Please tell me. ＋Where does he live?

Please tell me [where he lives].（彼がどこに住んでいるか教えてください）

・疑問詞がない疑問文が文中に入る場合は，**接続詞の if か whether** をつけてその後ろに**〈S＋V〉**を続けます。

I don't know. ＋ Do you like her?

I don't know [if[whether] you like her].
（私はあなたが彼女を好きかどうか知りません）

ケース 49 ★★★★

日本語に合うように，空所に適切な語(句)を下から選びなさい。

(1) 私はなぜ彼が会議に来なかったのか知りません。

I don't know why (　　) the meeting.

ア did he miss　イ he misses　ウ he missed

(2) 彼がいつ来るか知っていますか。

Do you know (　　)?

ア when will he come　イ when he will come

ウ when does he come

処方せん

(1) I don't know why [he missed] the meeting.
疑問詞＋**S**＋**V**

I don't know why から疑問文が文の一部に組み込まれている間接疑問だとわかる。why の後ろは S＋V の語順。過去の出来事なので，正解はウ。

(2) Do you know [when he will come]?
疑問詞(when)の後ろは平叙文と同じ語順になるので，イ when he will come が適切。

解答 (1) ウ (2) イ

ワンポイント

〈Do you know＋疑問詞＋S＋V？〉
〈疑問詞＋do you think＋S＋V？〉

Do you know what he said? (彼は何と言ったか知っていますか)
What do you think he said? (彼は何を言ったと思いますか)

上の文は yes や no で答えられるが，下の文は答えられない。このように yes / no をたずねるのは **〈Do you know＋[疑問詞]＋S＋V?〉** という形になり，具体的な内容をたずねる場合は **〈[疑問詞]＋do you think＋S＋V?〉** となる。疑問詞が文頭にくる文の動詞はthinkやbelieveが使われる。

How tall **do you think** my daughter will be in three years?
(私の娘は 3 年後にどれくらいの身長になっていると思いますか)

チェック49 4分 解答▶別冊 *p.16*

次の文の空所に入る適切な語(句)を下から選び，記号で答えなさい。

(1) Do you know (　　)?
ア is she how old　イ how is she old　ウ how old is she
エ how old she is　(東京山手メディカルセンター附属看護専門学校)

(2) Do you know how many villages (　　) in Fukushima Prefecture?
ア there is　イ there are　ウ is there　エ are there　(竹田看護専門学校)

(3) Where do you think (　　) last night?
ア did he go　イ he went　ウ had he gone　エ he has gone
(岡山済生会看護専門学校)

難 (4) Mother: Hey, what do you think (　　) in this box? Santa Claus gave it to you!
Boy: Wow! Can I open it now?
ア is　イ it is　ウ there　エ have　(王子総合病院附属看護専門学校)

(5) She did not know (　　) documents were on the desk.
ア where about　イ whom　ウ whose　エ who　(厚木看護専門学校)

item 50

強調・挿入・倒置など

英文を豊かにする表現方法

強調や倒置とは？

・**強調** … 〈**It is ～ that ... .**〉を使って，「…なのは～だ」と「～」にくる語句を強調することができます。

My brother bought a car last year.（私の兄〔弟〕は昨年車を買った）

→ It was my brother that bought a car last year.（昨年車を買ったのは私の兄〔弟〕だ）
「私の兄〔弟〕」を強調

→ It was a car that my brother bought last year.（私の兄〔弟〕が昨年買ったのは車だ）
「車」を強調

→ It was last year that my brother bought a car.（私の兄〔弟〕が車を買ったのは昨年だ）
「昨年」を強調

・**挿入** … 文中に語句や節を挿入して，前後の語句を説明したり，意見や感想を述べたりすることがあります。挿入部分はカンマやダッシュで区切るのがふつうです。

［**however**（しかしながら），**to be sure**（確かに），**if ever**（たとえあるにしても），
after all（結局），**I think**（私は思う）　など］

・**倒置** … 英語の文はふつう〈S＋V ～〉の語順だが，特定の語句を強調したり文の語調を整えるために語順が変わることがあります。

I have never read such a moving story.

→ Never have I read such a moving story.（こんな感動的な話は読んだことがありません）

ケース 50　★★★★

日本語に合うように，空所に適切な語を下から選びなさい。

(1) 駅で彼に会ったのは昨日だった。

It was yesterday (　　) I met him at the station.

ア how　　イ that　　ウ what　　エ who

(2) 彼らがイギリスの故郷へ行くことは，確かにあるかもしれないが，めったにない。

They seldom, if (　　), go to their hometown in England.

ア often　　イ ever　　ウ never　　エ rarely

処方せん

(1) It was yesterday [that] I met him at the station.
「～は昨日だった」と yesterday を強調しているので，〈It is ～ that ....〉の形を使う。強調する語が人の場合は that の代わりに who を使うこともあるが，ここは yesterday という副詞なので that が正しい。

(2) They seldom, if [ever], go to their hometown in England.
if ever を前の seldom とともに用いて，seldom, if ever, ～で「(たとえあるにしても) めったに～ない」という意味を表す。

解答 (1) イ (2) イ

ワンポイント

慣用的な倒置表現

前の文を受けて，「～もそうだ」〈So＋(助)動詞[be 動詞]＋S〉や「～もそうではない」〈Neither [Nor]＋(助)動詞[be 動詞]＋S〉のように言う場合の語順にも注意が必要。

You don't have a car, and neither do I.
(あなたは車をもっていない，そして私もそうだ)
=I don't have a car, either.

"I can speak English." "So can I."
(「私は英語を話すことができる」「私もです」)
=I can speak English, too.

チェック 50 3分 解答▶別冊 *p.16*

次の文の空所に入る適切な語(句)を下から選び，記号で答えなさい。

(1) I seldom, (　　), go to that restaurant. (福岡国際医療福祉学院)
ア if ever　イ when some　ウ as though　エ years ago

(2) The manager says it is hospitality (　　) plays a large part in our success of the trade fair.
ア what　イ that　ウ who　エ it (宝塚市立看護専門学校)

(3) "I haven't seen the film." — "(　　)."
ア I have neither　イ Neither I have
ウ Neither have I　エ I neither have (日鋼記念看護学校)

(4) I don't like iced tea, and (　　).
ア he doesn't too　イ neither does he
ウ either doesn't he　エ neither he doesn't (佐久総合病院看護専門学校)

実戦テスト

解答▶別冊 *p.17*

1 日本文の意味に合うように，空所に適切な１語を入れなさい。

(1) 今晩は多くの星が見られる。

Many stars can (　　　) seen tonight.　（PL 学園衛生看護専門学校）

(2) 彼女が興味をもっている映画が今上映されている。

The movie (　　　) (　　　) she is interested is now showing.

（石巻赤十字看護専門学校）

(3) 私はスペイン語で書かれた手紙を受け取りました。

I received a letter (　　　) (　　　) Spanish.

(4) あなたはそのパーティーに出席するでしょうね。

You are going to attend the party, (　　　) (　　　)?

（以上　島田市立看護専門学校）

(5) 私の兄は決してうそをつくような人ではないと信じます。

I believe my brother would be the (　　　) (　　　) to tell a lie.

（呉共済病院看護専門学校・改）

2 次の２文がほぼ同じ意味になるように，空所に適切な１語を入れなさい。

(1) It is a very long time since I saw him last.

I have (　　　) (　　　) him for a long time.　（呉共済病院看護専門学校）

(2) I have never seen such a beautiful castle.

This is (　　　) most beautiful castle that I have (　　　) seen.

(3) The boat was broken by the ice floating on the river.

The boat was broken by the ice (　　　) (　　　) floating on the river.

（以上　姫路市医師会看護専門学校）

(4) What do you call it in Japanese?

What (　　　) (　　　) (　　　) in Japanese?　（岡山済生会看護専門学校）

(5) He is taller than any other boy in his class.

He is (　　　) (　　　) boy in his class.　（茨城県きぬ看護専門学校）

(6) If it were not for the sun, all living things would die.

(　　　) for the sun, all living things would die.　（PL 学園衛生看護専門学校）

3 次の日本文の意味を表すように，〔　　〕内の語(句)を並べかえなさい。ただし，解答は（ A ）（ B ）に入れるものの記号のみ答えなさい。なお文頭にくる語も小文字で表している。

(1) そのレースで誰が1等賞をもらったと思いますか。

(A)(　　)(　　)(B) the first prize in the race?

〔ア think　イ who　ウ won　エ do you〕 (呉共済病院看護専門学校)

(2) 私はあなたほどお金をもっていない。

I (　　)(　　)(A)(　　)(B)(　　) do.

〔ア money as　イ much　ウ have　エ as　オ you　カ don't〕

(大川看護福祉専門学校)

(3) 運転中はシートベルトを着用しなさい。

You (　　)(　　)(A)(　　)(B)(　　).

〔ア a　イ wear　ウ driving　エ must　オ while　カ seat belt〕

(4) ジョンはインド人の家庭でずっとお世話になっている。

(　　)(　　)(A)(　　)(B)(　　) an Indian family.

〔ア has　イ John　ウ after　エ looked　オ by　カ been〕

(以上 福岡国際医療福祉学院)

(5) 昔はその角に郵便局がありました。

(　　)(A) to (　　) a (　　)(　　)(B) the (　　).

〔ア used　イ post　ウ on　エ there　オ corner　カ office　キ be〕

(岩手県立一関高等看護学院・岩手県立宮古高等看護学院・岩手県立二戸高等看護学院)

(6) ジョンがメアリーにこの手紙を送ったのはロンドンからでした。

(　　)(A)(B)(　　)(　　)(　　) to Mary.

〔ア this letter　イ sent　ウ from London　エ it was　オ John　カ that〕

(富士吉田市立看護専門学校)

(7) 私はこの大学に入るために一生懸命勉強しなければなりません。

I have to (　　)(A)(　　)(　　)(B)(　　) this college.

〔ア enter　イ study　ウ order　エ hard　オ in　カ to〕

(倉敷中央看護専門学校)

4 次の日本文の意味を表すように，(　)内の語(句)を並べかえなさい。

(1) 友人と一緒に見た映画はすばらしかった。

The movie (my friend / watched / I / was / wonderful / with).

(戸田中央看護専門学校)

(2) 彼女が入院しているかどうかははっきりしません。

(certain / is / it / not / whether) she is in the hospital.

（高岡市立看護専門学校）

(3) 私は彼女に，彼にはその話をしないように頼みました。

I asked (him / not / tell / her / the story / to). （泉州看護専門学校）

(4) 富山では先週から雪が降り続いている。

In Toyama (last / since / been / it / snowing / has / week).

（富山市立看護専門学校）

(5) 東京の人口は大阪よりずっと多い。

The population of Tokyo is (of / that / larger / than / much) Osaka.

（東邦大学佐倉看護専門学校）

(6) 今日は外出しないほうがいいよ。

You (not / better / out / had / go) today. （竹田看護専門学校）

(7) フレッドは父が帰宅したときにはもう夕食を終えていた。

Fred (when / finished / had / dinner / already) his father came home.

（佐久総合病院看護専門学校）

(8) もし時間があったら，その美術館を訪れるのですが。

(I / I / time, / art museum / if / visit / had / would / the).

（島田市立看護専門学校）

5 文中の下線部に文法・語法の使い方が誤っている箇所が１箇所ある。その箇所を記号で答えなさい。

(1) My sister ア can't go イ to there ウ because エ she is busy.

（島田市立看護専門学校）

(2) Mary ア has to イ helps ウ her mother エ every day.

（岡波看護専門学校）

(3) ア Do you mind イ to come ウ to a party on Saturday エ at the International House?

(4) Traveling by ア the train is イ more comfortable ウ than traveling エ by air. （以上 東邦大学佐倉看護専門学校）

(5) ア When my sister was イ in college, she ウ was belonging to the English Speaking エ Society. （製鉄記念八幡看護専門学校）

第3章

イディオム編

これで合格

item 1

動詞＋前置詞など

2語以上で1つの動詞の意味を作る表現

群動詞とは？

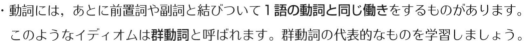

・動詞には，あとに前置詞や副詞と結びついて**1語の動詞と同じ働き**をするものがあります。このようなイディオムは**群動詞**と呼ばれます。群動詞の代表的なものを学習しましょう。

［**動詞＋前置詞** … **belong to ～**（～に属する），**call at[on] ～**（場所〔人〕を訪ねる），**come across ～**（～に偶然出くわす），**look after ～**（～の世話をする），**look for ～**（～を探す），**listen to ～**（～を聞く），**stand for ～**（～を表す），**take after ～**（～に似ている），**wait for ～**（～を待つ） など］

We [looked after] the old woman.（私たちはその老女の世話をした）

［**動詞＋副詞** … **break down**（故障する），**sit up**（寝ずに起きている），**turn out ～**（～と判明する），**call off ～**（～を中止する），**carry out ～**（～を実行する），**give up ～**（～をあきらめる），**put on ～**（～を着る），**take off ～**（～を脱ぐ） など］

He [carried out] the plan.（彼はその計画を実行した）

ケース 1　★★★★★

日本語に合うように，空所に入る適切な語を下から選びなさい。

(1) 私たちはフロント係がタクシーを呼ぶのを待った。

We were waiting (　　) the clerk to call a taxi.

ア to　　イ of　　ウ for　　エ at

(2) 彼らは車が途中で壊れたので，遅れて到着した。

They arrived late because their car broke (　　) on the way.

ア off　　イ down　　ウ under　　エ on

処方せん

(1) We were waiting [for] the clerk to call a taxi.

wait for ～（～を待つ）。for は「～を求めて」の意味で用いる前置詞。

(2) They arrived late because their car broke [down] on the way.

break down（〔機械などが〕故障する）。

解答　(1) ウ　(2) イ

ワンポイント その他の群動詞

動詞＋副詞＋前置詞 … **get along with ～**（～とうまくやっていく），**look up to ～**（～を尊敬する），**look down on ～**（～を軽べつする），**speak ill of ～**（～の悪口を言う），**catch up with ～**（～に追いつく），**keep up with ～**（～に遅れずについていく），**put up with ～**（～をがまんする）など

She could not **put up with** such an inconvenience any longer.
（彼女はこのような不便にこれ以上耐えられなかった）

動詞＋名詞＋前置詞 … **find fault with ～**（～のあらを探す），**catch sight of ～**（～を見つける），**take care of ～**（～の世話をする），**make friends with ～**（～と友人になる），**take part in ～**（～に参加する）など

He has a family to **take care of.**（彼には世話をするべき家族がいる）

チェック 1　5分　解答▶別冊 *p.18*

次の文の空所に入る適切な語(句)を下から選び，記号で答えなさい。

(1) He called (　　) his friend and had lunch with him.

ア at　イ off　ウ on　エ of

（岩手県立一関高等看護学院・岩手県立宮古高等看護学院・岩手県立二戸高等看護学院）

(2) When I was a child, I had to take a bath and (　　) on a pajama before 8 p.m.

ア put　イ take　ウ get　エ wear　（富山県立総合衛生学院）

(3) My car broke (　　) when I was a long way from a garage.

ア out　イ into　ウ in　エ down　（こまつ看護学校）

(4) It's not easy to (　　) up with the rapid changes in information technology.

ア keep　イ come　ウ hold　エ get　（製鉄記念八幡看護専門学校）

(5) She missed several months of school and may never (　　) the other children in her class.

ア put up with　イ take care of　ウ run out of　エ catch up with

(6) My brother and cousin don't really (　　) each other.

ア get along with　イ get out of　ウ get over　エ get hold of

（以上 北海道立旭川高等看護学院・北海道立紋別高等看護学院・北海道立江差高等看護学院）

item 2

be 動詞＋形容詞＋前置詞など

形容詞が含まれるイディオム

be 動詞＋形容詞＋前置詞とは？

・**be 動詞＋形容詞＋前置詞**のカタマリは，文の主要部分を構成します。

be absent from ～（～を欠席する），**be aware of** ～ / **be conscious of** ～（～に気づいている），**be different from** ～（～と異なる），**be famous for** ～（～で有名である），**be fond of** ～（～が好きである），**be good at** ～（～が上手である），**be late for** ～（～に遅れる），**be proud of** ～（～を誇りに思っている），**be responsible for** ～（～に対して責任がある），**be indifferent to** ～（～に無関心である） など

Ken [is good at] swimming.（ケンは泳ぎが上手だ）

・前置詞の使い分けがポイントになる場合もあります。

be familiar with ～（～に精通している），**be familiar to** ～（～によく知られている）
be dependent on ～（～に依存している），**be independent of** ～（～から独立している） など

The song [is familiar to] many girls.（その歌はたくさんの少女に知られている）

ケース 2 ★★★★★

日本語に合うように，空所に入る適切な語を下から選びなさい。

(1) 私たちは車が１台こちらにやって来るのに気がついていた。

We were aware (　　) a car coming this way.

ア at　イ of　ウ that　エ with

(2) 人々は精神的に身近な人々に依存している。

People are emotionally (　　) on those who are close to them.

ア dependent　イ independent　ウ similar　エ essential

処方せん

(1) We were aware [of] a car coming this way.
be aware of ～（～に気づいている）。

(2) People are emotionally [dependent] on those who are close to them.
be dependent on ～（～に頼っている）。

解答 (1) イ (2) ア

ワンポイント

〈be 動詞＋形容詞＋to 不定詞〉の形をとるイディオム

[**be able to 〜** (〜することができる), **be likely to 〜** (〜しそうである),
be ready to 〜 (〜する準備ができている),
be eager [anxious] to 〜 (〜したがっている) など]

Are you **ready to** go? (出かける準備はできていますか)

チェック 2 7分 解答▶別冊 *p.18*

次の文の空所に入る適切な語(句)を下から選び，記号で答えなさい。

(1) You should always be aware (　　) your surroundings when traveling in a foreign country.

ア of　　イ to　　ウ for　　エ about　　(日鋼記念看護学校)

(2) I'm sorry, but I'm (　　) to help you just now.

ア impossible　　イ incomplete　　ウ unable　　エ accountable

(島田市立看護専門学校)

難 (3) The rich nations should not be indifferent (　　) the fact that the gap between the rich and the poor is getting wider.

ア to　　イ for　　ウ over　　エ from　　(こまつ看護学校)

(4) His reputation as a physician is familiar (　　) us.

ア on　　イ to　　ウ with　　エ for　　(厚木看護専門学校)

(5) After a lot of practice, he was (　　) to understand spoken English.

ア possible　　イ easy　　ウ able　　(愛仁会看護助産専門学校)

難 (6) She was not (　　) for the car accident she was involved in yesterday.

ア conscious　　イ thoughtful　　ウ responsible　　エ eager

(北海道立旭川高等看護学院・北海道立紋別高等看護学院・北海道立江差高等看護学院)

(7) My grandfather is eighty-six years old now. He is (　　) to live to be ninety.

ア lively　　イ willing　　ウ worth　　エ likely

(新潟看護医療専門学校・改)

(8) Are you (　　) this politician? I don't believe what he says. I hate him.

ア similar to　　イ about to　　ウ owing to　　エ fond of

(王子総合病院附属看護専門学校・改)

item 3

前置詞を含むイディオム

2語以上で1つの前置詞と同じ働きをする

2語以上で前置詞と同じ働きをするとは？

・**in front of～**（～の前に）のように，２語以上で１つの前置詞と同じ働きをするものがあります。これを**群前置詞**と呼びます。前置詞なので，後ろに名詞や動名詞（-ing）が続きます。主なものを覚えましょう。

［**according to～**（～によれば），**as for～**（～はと言えば），**because of～**（～のために），**by means of～**（～によって），**by way of～**（～経由で），**in addition to～**（～に加えて），**in case of～**（～の場合には），**in charge of～**（～を担当して），**in favor of～**（～に賛成して），**in spite of～**（～にも関わらず），**on account of～**（～のために），**owing to～**（～が原因で） など］

There is a big tree in front of the house.（家の前に大きな木がある）

They were late owing to the fog.（彼らは霧のために遅れた）

ケース 3 ★★★★

日本語に合うように，空所に入る適切な語句を下から選びなさい。

(1) 山本先生は私のクラスの担任です。

Mr. Yamamoto is the teacher (　　) my class.

ア in charge of　　イ instead of

ウ in return for　　エ for the purpose of

(2) その計画に賛成する人々は手を挙げた。

People (　　) the plan raised their hands.

ア regardless of　　イ in favor of

ウ in addition to　　エ in exchange for

処方せん

(1) Mr. Yamamoto is the teacher in charge of my class.

アin charge of～は，「～を担当して」という意味で，前置詞の働きをしている。他の選択肢もすべて前置詞としての役割をもっている。それぞれの意味は，イ「～の代わりに」，ウ「～のお返しで」，エ「～が目的で」。

(2) People [in favor of] the plan raised their hands.

イ in favor of ～「～に賛成して」。他の選択肢の意味は，ア「～に関わらず」，ウ「～に加えて」，エ「～と引き換えに」。

解答 (1) ア (2) イ

ワンポイント

〈前置詞＋名詞〉のイディオム

as a rule（概して），**for nothing**（ただで），**in fact**（実際には），
in advance（前もって），**in particular**（特に），**in detail**（くわしく），
in turn（交替で），**in short**（要するに），**of importance**（重要な），
of use（役に立つ），**of value**（価値がある），**on purpose**（わざと），
out of fashion（時代遅れで），**with ease**（容易に），
with care（注意して）など

I got the bicycle **for nothing**.
（私はその自転車をただで手に入れた）

You can't buy tickets on the day. You have to buy them **in advance**.
（当日券を買うことはできません。前もって買っておかなければなりません）

✓チェック 3 4分 解答▶別冊 *p.19*

次の文の空所に入る適切な語(句)を下から選び，記号で答えなさい。

(1) He decided to accept his client's request in spite (　　) my advice.

ア of　　イ for　　ウ to　　エ with

（王子総合病院附属看護専門学校）

(2) I ate rice instead (　　) bread for breakfast this morning.

ア of　　イ for　　ウ on

（ソワニエ看護専門学校）

(3) My friend went to Italy (　　) studying fine arts.

ア according to　　イ in honor of

ウ for lack of　　エ for the purpose of

（富士吉田市立看護専門学校）

(4) Our flight has been delayed (　　) a technical problem.

ア and　　イ but　　ウ because of　　エ until

（日鋼記念看護学校）

(5) Can I reserve a seat in (　　)?

ア advance　　イ progress　　ウ previous　　エ advantage

（帝京山梨看護専門学校）

実戦テスト

解答▶別冊 *p.19*

1 次の文の下線部のイディオムとほぼ同じ意味の動詞をア～エの中から選びなさい。

(1) The accident was <u>brought about</u> by his carelessness.

ア caused　イ changed　ウ collapsed　エ damaged

(2) She spent an hour trying to <u>figure out</u> how to install the software.

ア describe　イ understand　ウ supply　エ deliver

（以上 東京女子医科大学看護専門学校）

(3) What do the letters in YOLO <u>stand for</u>?

ア represent　イ maintain　ウ require　エ write

(4) Do you think Angus really <u>takes after</u> his father?

ア hates　イ loves　ウ resembles　エ resists

(5) We should <u>look into</u> this case right now.

ア remove　イ admit　ウ investigate　エ enter

（以上 厚木看護専門学校）

2 次の文中の下線部と同じ意味をもつ語を，下から１つ選び，記号で答えなさい。なお，文頭にくるべきものも小文字で示してある。（竹田看護専門学校・改）

(1) <u>Every now and then</u> I go to see a night game with my mother.

(2) She seems to be staying here <u>for good</u>.

(3) Please let me know the time of your departure <u>in advance</u>.

(4) <u>In the long run</u>, George graduated at the top of his class.

ア occasionally　イ ultimately　ウ beforehand　エ permanently

3 次の２文がほぼ同じ意味になるように，ア～エの中から最も適する語句を選びなさい。（佐久総合病院看護専門学校）

(1) (a) We decided to postpone the meeting until next week.

(b) We decided to (　　) the meeting until next week.

ア ring up　イ call off　ウ take up　エ put off

(2) (a) This question isn't so difficult, but on the whole, this isn't an easy test.

(b) This question isn't so difficult, but (　　) this isn't an easy test.

ア as a result　イ in general　ウ in one's life　エ all round

第4章

会話編

これで合格

item 1

疑問詞を用いる疑問文

「誰」「何」などをたずねる疑問文

疑問詞を含む疑問文の答え方は？

・**疑問詞を含む疑問文**は，「誰」「何」などと**内容をたずねる**のに用います。

〔**who**（誰が）/ **who(m)**（誰を〔に〕）/ **whose**（誰の〔誰のもの〕）/ **what**（何が）/ **which**（どれ）/ **where**（どこで）/ **when**（いつ）/ **why**（なぜ）/ **how**（どんな方法〔状態〕で）〕

[What] is her father?（彼女のお父さんの仕事は何ですか）

[When] did you go to Okinawa?（あなたはいつ沖縄に行きましたか）

・疑問詞を含む疑問文に答えるときは，**yes / no を用いません。**

[Why] were you absent from school yesterday?

－[Because] I had a cold.

（昨日はなぜ学校を欠席したのですか。―風邪をひいていたからです）

ケース 1 ★★★★

次の対話文の空所に入る適切なものを下から選び，記号で答えなさい。

(1) A : Where have you been?

B : (　　)

ア At the café.　　イ Yes, I have.

ウ For three years.　　エ Since yesterday.

(2) A : When are you leaving for New York?

B : (　　)

ア Yes, I am.　　イ By airplane.

ウ Tomorrow.　　エ So am I.

処方せん

(1) Where（どこ）は「場所」をたずねる疑問詞なので，「場所」を答えているアが正しい。疑問詞を含む疑問文は，イのように Yes や No で答えることはない。

(2) When（いつ）は「時」をたずねる疑問詞なので，ウの「明日」が正解。

解答

(1) ア　A「どこにいたのですか」 B「喫茶店です」

(2) ウ　A「あなたはいつニューヨークに出発するのですか」 B「明日です」

ワンポイント

〈How＋形容詞〔副詞〕～?〉

疑問詞の **how** は How did you come?（どのようにここに来たの?）のように，「方法や手段」をたずねることができるが，how の後ろに形容詞や副詞をつけて「どれほど～の」という意味を表すことができる。

How long	期間・長さ	**How far**	距離	**How fast**	速さ
How often	頻度	**How old**	年齢	**How much**	値段・量
How many	数	**How wide**	幅	**How tall**	身長

How old is your daughter?（あなたの娘さんは何歳ですか）

チェック 1　3分　解答▶別冊 *p.20*

次の対話文の空所に入る適切なものを下から選び，記号で答えなさい。

(1) A : What do you do?

B : (　　)

ア I'm watching TV.　　イ I go swimming.

ウ I work for a department store.　　エ I'm going to be a nurse.

（石巻赤十字看護専門学校）

(2) A : When is the paper due?

B : (　　)

A : Thanks.

ア Until next Saturday.　　イ Two in the afternoon tomorrow.

ウ Ask the teacher how to write it.　　エ I'll help you with the paper.

（東京女子医科大学看護専門学校）

(3) A : How long has it been since I saw you last?

B : (　　)

ア I used to see you very often.　　イ I think this dress is too long.

ウ Quite a few years.

（日鋼記念看護学校）

(4) A : What is the best way to the airport?

B : You should go there by bus if you want to save money.

A : (　　)

B: That depends on the traffic.

ア How much does it cost?　　イ How far is it from here?

ウ How long does it take?　　エ How many days do you stay there?

（君津中央病院附属看護学校・改）

item 2

依頼や提案の表現
「～していただけますか」「～しましょうか」

依頼文とは？

・「～していただけますか」と友だちに**頼む**ときの表現や，目上の人にお願いする丁寧な表現など，状況に応じた表現を覚えましょう。また，「～しましょうか」と**提案**したり**勧誘**したりする表現も合わせてマスターしましょう。

Will you ～?「～してくれませんか」

Would [Could] you ～?「～していただけませんか」

Would [Could] you ～? は Will you ～? より丁寧な表現になります。

Can you ～?「～してくれますか」

Shall I ～?「(私が)～しましょうか」(→ *p.45*)

Shall we ～?「(いっしょに)～しませんか」= Let's ～ . (→ *p.45*)

How about ～ [-ing]?「～してはどうですか」

Why don't you ～?「～してはいかがですか」(→ *p.135*)

ケース 2　★★★★

次の対話文の空所に入る適切なものを下から選び，記号で答えなさい。

(1) A : Would you post this letter for me?

B : (　　)

ア Thank you.　　イ Yes, I will.

ウ That's very kind of you.　　エ I'm fine.

(2) A : (　　) carry your bag for you?

B : Yes, thank you.

ア Will you　イ Could you　ウ Shall I　エ Can you

処方せん

(1) Would you ～? は「～してくれませんか」という「依頼」を表す表現。

(2) B がお礼を言っているので，「～してあげましょうか」と提案しているウ Shall I が入ることがわかる。

解答

(1) イ　A「私の代わりにこの手紙を出してもらえますか」 B「はい，出しますよ」

(2) ウ　A「かばんを運んであげましょうか」 B「はい，ありがとうございます」

ワンポイント

would を使った表現

相手にものを勧めたり，相手の希望を聞く表現に，次のようなものがある。

Would you like＋名詞～？「～はいかがですか」〔人に勧める表現〕

A : **Would you like** some more coffee?
（もう少しコーヒーはいかがですか）

B : Thanks, please.
（ありがとう。お願いします）

Would you like to ～？「～してはいかがですか／～しませんか」

Would you like to take a break?
（休憩を取ってはいかがですか）

チェック 2 3分 解答▶別冊 *p.20*

次の対話文の空所に入る適切なものを下から選び，記号で答えなさい。

(1) A : Will you tell me the way to the station?
B : (　　)
ア All right.　　イ Yes, I do.
ウ Yes, please.　　エ Don't mind.
（泉州看護専門学校）

(2) A : Would you help me?
B : (　　)
ア Yes, you do.　　イ No, thank you.
ウ Certainly.　　エ Never mind.
（富山市立看護専門学校）

(3) A : Would you like some more tea?
B : No, thanks. (　　)
ア I've had enough.　　イ I don't want.
ウ I wouldn't have more.　　エ I'd like to.
（石巻赤十字看護専門学校・改）

(4) A : Shall we eat out for dinner?
B : (　　)
A : How about ordering pizza?
ア Yes, I'd love to.
イ I'd rather stay at home tonight.
ウ I want to go to a restaurant.
エ I've already fixed dinner.
（一宮市立中央看護専門学校・改）

item 3

許可を求める表現
答え方に気をつけよう(1)

Do [Would] you mind ～？の答え方は？

・**許可を求める表現**に **mind**「気にする」という動詞を用いた **Do [Would] you mind -ing?**「～してもいいですか」があります。たとえば，Do you mind opening the door? は「ドアを開けるのが気になりますか」→「ドアを開けてもらってもいいですか」となります。「私が～してもいいですか」という場合には，**Would you mind my -ing?** や **Would you mind if I ～？**となります。

・この表現は，先に述べた通り，「～が気になりますか」という問いになるので，**答え方に注意が必要**です。
「いいですよ，どうぞ」と言うときは，**Of course not. / No, certainly not. / No, not at all. / No, go ahead.** などと答えます。「だめですよ」と言うときは，**I'm sorry, but ...** などに理由を続けます。

ケース 3 ★★★

次の対話文の空所に入る適切なものを下から選び，記号で答えなさい。

(1) A : Would you mind watching my suitcases for a while?
B : (　　) I'll watch them until you get back.
ア No way!　　イ Yes, I do.
ウ Not at all.　　エ Never mind.

(2) A : Do you mind my closing the door?
B : (　　)
ア I hope so.　　イ Of course not.
ウ No, I do.　　エ Never mind.

処方せん

(1) スーツケースを見ておいてもらうことを依頼していることがわかる。B の空所の後ろの文より，了承していることがわかるので，ウ Not at all. が正解。
(2) my closing の my は意味上の主語。「私がドアを閉めること」への許可を求めている。エ Never mind は，「気にするな」という意味で相手を励ますときの表現。イ Of course not. が正解。

解答

(1) ウ　A「しばらくの間，私のスーツケースを見ておいてもらっていいですか」 B「いいですよ。あなたが戻るまで見ておきます」

(2) イ　A「ドアを閉めてもいいですか」 B「どうぞ」

ワンポイント

その他の許可を求める表現

Can [Could] I ～?「～してもいいですか」

May I ～?「～してもいいですか」　Can I ～? よりも改まった表現。

I wonder if I could ～.「～してもいいでしょうか」

Is it okay if I ～?「～してもいいですか」

I wonder if I could use your bicycle.
（あなたの自転車を使ってもいいでしょうか）
―― Of course.　Feel free to.（もちろんです。どうぞご自由に）

チェック 3　2分　解答▶別冊 *p.20*

次の対話文の空所に入る適切なものを下から選び，記号で答えなさい。

(1) A : Do you mind if I sit here?
B : (　　)
ア No, go ahead.　イ No, I haven't.
ウ Yes, I can.　エ Yes, I don't care.
（磐城共立高等看護学院）

(2) A : (　　) I open the door?
B : Sure.　It's hot here.
ア May　イ Do　ウ Have　エ Am
（名古屋市医師会看護専門学校）

(3) A : Is it okay if I borrow these books?
B : (　　)　I'm going to use them.
ア I'm afraid not.　イ I think so.
ウ Certainly, yes.　エ Never mind.
（名古屋市立中央看護専門学校）

item 4 否定疑問文

答え方に気をつけよう(2)

否定疑問文とは？

・**Don't you ～?**「あなたは～しないのですか」や，**Aren't you ～?**「あなたは～ではないのですか」とたずねる場合は，(助)動詞の否定の短縮形(**-n't**)を文頭に置いた疑問文が使われます。

Aren't you a soccer fan?
(あなたはサッカーファンじゃないのですか)

・答え方 … Don't you ～? に対しては，Yes, I do. か No, I don't. の答え方が考えられますが，答えの内容が肯定なら **Yes**，否定なら **No** を用います。前者は，「いいえ，～します」となり，後者は，「はい，～しません」となります。日本語の「はい」「いいえ」と使い方が逆になるので気をつけましょう。

Don't you have a smartphone?
(あなたはスマートフォンをもっていないのですか)

—Yes, I do.（いいえ，もっています）

No, I don't.（はい，もっていません）

ケース 4 ★★★★★

次の対話文の空所に入る適切なものを下から選び，記号で答えなさい。

A : Haven't we met before?

B : (　　)

ア Well, I've got another engagement for tonight.

イ No. I met you at Machida Station last year.

ウ Sure. Let's.

エ I'm not sure. Have we?

処方せん

Aが「会ったことはありませんか」とたずねている。イのようにNoと答えると，「会ったことがない」となり，続く文と矛盾してしまうので誤り。

解答

エ　A:「以前にお会いしていないですか」

B:「わかりません。お会いしましたか」

Why don't you [we] ～？

Why don't you [we] ～？は「なぜ～しないの」とたずねる場合にも使われるが，「なぜ～しないの」→「～したらどうですか」と提案する言い方になる場合もある。Won't you ～？も同様に「提案」を表す。

A : **Why don't you** come along with us?
（私たちといっしょに来ませんか）

B : Thanks.　I will.
（ありがとう。そうします）

チェック 4 2分 解答▶別冊 *p.20*

次の対話文の空所に入る適切なものを下から選び，記号で答えなさい。

(1) A : Aren't you getting nervous about tomorrow's interview?
B : (　　)
ア Yes, I've got an uneasy feeling.
イ Yes, she's getting on my nerves.
ウ As a matter of fact, I was.　（日鋼記念看護学校）

(2) A : Isn't he an excellent student?
B : (　　) He always gets an A in every subject.
ア No, he isn't.
イ No, he is.
ウ Yes, he is.
エ Yes, he isn't.　（王子総合病院附属看護専門学校）

(3) A : The party last night was great.　Why didn't you come?
B : (　　)
A : Are you all right now?
ア What party?　I wasn't invited.
イ I went, but left pretty early.
ウ I felt feverish yesterday.
エ Oh, I was out of town yesterday.　（一宮市立中央看護専門学校）

item 5

シチュエーションごとの会話表現 (1)

電話特有の表現を覚えよう

電話での会話とは？

・会話問題では，会話をしている人物の関係や会話が行われているシチュエーションを理解しておくことがカギとなります。ここでは，電話での会話を整理しておきましょう。

Hello.「もしもし」　**Is this ～?**「そちらは～さんですか」

Can [May / Could] I speak to ～?「～さんをお願いします」

This is ～. / ～ speaking.「こちらは～です」

be out「外出している」 など

A : Hello. This is Anne. May I speak to Meg?

（もしもし。アンです。メグをお願いします）

B : I'm sorry, but she's out just now.（ごめんなさい。ちょうど今出かけています）

ケース 5 ★★★★

次の対話文の空所に入る適切なものを下から選び，記号で答えなさい。

(1) A : Hello.　Is Tom there?

B : There's no Tom here.（　　）

ア You must have the wrong number.

イ You don't know him.

ウ Hold on, please.　　エ You are wrong.

(2) A : Hello, Mat!　Where are you phoning from?

B : I'm very near.　I'm here in New York.

A :（　　）

B : I'm using my cellular phone.　I'm in a taxi.

ア The line is busy.　　イ But the line is terrible.

ウ Can I leave a message?

エ We can't go on meeting like this.

処方せん

(1) B が There's no Tom here. と述べていることから，相手のところには，Tom という人物がいないことがわかる。アの the wrong number は「間違い電話」。

ウの hold on は「電話などを切らずに待つ」という意味。

(2) タクシーの中から携帯電話でかけているということから，声が聞きづらいことが推測できる。アの The line is busy は，「話し中」という意味。

解答

(1) ア　A「もしもし。トムさんはいますか」 B「ここには，トムという人物はいません。番号をお間違えだと思います」

(2) イ　A「もしもし，マット！どこからかけているのですか」 B「とても近い所からだよ。ニューヨークにいるんだ」 A「でも，雑音が入っているよ」 B「携帯電話を使っているんだ。タクシーの中でね」

ワンポイント

その他の電話での決まり文句

leave a message「伝言を頼む」 **take a message**「伝言を受け取る」
have the wrong number「番号が間違っている」
call back「電話をかけ直す」など

チェック 5　2分　解答▶別冊 *p.21*

次の対話文の空所に入る適切なものを下から選び，記号で答えなさい。

(1) A : Hello, this is Bill. May I speak to Betty?
B : (　　) Hi, Bill.
ア How about you?　　イ Speaking.
ウ Yes, let's.　　エ No, you may not.　（高山市立看護専門学校）

(2) A : Hello, this is the Tyler's residence.
B : Hello. May I speak to Jane?
A : I'm afraid she isn't here right now. (　　)
B : No, thank you. I'll call again later.
ア Shall I answer the phone?　　イ Can you hold on a minute?
ウ May I take a message?
エ Do you want to know the correct number?　（倉敷中央看護専門学校）

(3) A : Good morning, this is Ella Peters speaking. Is that Chang Li?
B : Yes, it is. Sorry, (　　). I didn't catch your name.
A : Ella, Ella Peters. We met at the conference last week.
ア I need your help　　イ this is a bad line
ウ give me a break　　エ I want to make an appointment
（東京山手メディカルセンター附属看護専門学校）

item 6

シチュエーションごとの会話表現（2）

旅行やお店で使う表現を覚えよう

旅行やお店の中での会話とは？

・旅行で使う表現やさまざまな店で使う表現を確認しましょう。

May I see your passport?「パスポートを見せてください」

What is the purpose of your visit?「滞在の目的は何ですか」

How long will you stay in this country**?**「この国にどのくらい滞在しますか」

May I help you?「いらっしゃいませ」

I'm looking for ～.「～を探しています」

How much (is it)?「いくらですか」　**I'll take ～.**「～をいただきます」

May [Can] I try on ～?「～を試着していいですか」

ケース 6　★★★★

次の文の空所に入る適切なものを下から選び，記号で答えなさい。

(1) A : What is the purpose of your visit?

B : (　　)

ア I'll be here for two weeks.　イ I'm here on a business trip.

ウ I have a return ticket here.　エ I have nothing to declare.

(2) A : (　　)

B : I'll take a hamburger and French fries, please.

ア May I take your order now?　イ Right this way, please.

ウ Do you have anything special?

エ What do you recommend?

処方せん

(1) What is the purpose of your visit? は，主に空港内の税関で使われる表現。a business trip「出張」や sightseeing「観光」という語句を覚えておこう。

(2) B の I'll take a hamburger ～から，ファストフード店でのお客さんと店員の会話と想像できる。I'll take ～は，「(商品を) 買います」と言うときの表現。

解答

(1) イ　A「訪問の目的は何ですか」 B「ここに出張で来ています」

(2) ア　A「ご注文をどうぞ」 B「ハンバーガーとフライドポテトをください」

ワンポイント

道をたずねる際の決まり文句など

Could you tell me the way to ～?「～へ行く道を教えてください」

How can I get to ～?「～へはどのようにしたら行けますか」

How long does it take to get to ～?

「～へ行くにはどのくらいかかりますか」

turn right [left]「右〔左〕に曲がる」 など

チェック 6 3分 解答▶別冊 *p.21*

次の文の空所に入る適切なものを下から選び，記号で答えなさい。

(1) A : Welcome to Sunshine Sandwich Shop. Can I help you?

B : Yes. I'd like two coffees and two cream doughnuts.

A : All right. Is that for here or to go?

B : (　　)

ア Yes, please. And I'd also like a ham sandwich.

イ To go. Oh, and I'd also like a strawberry muffin.

ウ Here's the money. Thank you very much.

エ It's for my sister. She'll be here soon. (美原看護専門学校)

(2) A : Excuse me, but could you tell me the way to Toyama Station?

B : I'm sorry. (　　)

ア I'm a stranger here.　　イ I know it very well.

ウ It's just around the corner.　　エ I have nothing to do.

(富山市立看護専門学校)

(3) A : Excuse me. How can I get to the Italian restaurant?

B : Go straight for two blocks and turn left. (　　)

ア Otherwise you will miss.　　イ It was very good.

ウ It's on the right.　　エ When does it open? (王子総合病院附属看護専門学校)

(4) A : May I help you?

B : (　　)

A : Yes, we have a wide selection. What exactly did you have in mind?

ア Do you sell alarm clocks in this department store?

イ Fancy meeting you here at such a place.

ウ Can I use my credit card to pay for it?

エ Thanks. Are you sure you have enough money to get by?

(東邦大佐倉看護専門学校)

実戦テスト

解答▶別冊 *p.21*

1 次の2人の会話が成立するように，それぞれの空所に当てはまるものを下から選び，記号で答えなさい。

(1) NURSE　: Good afternoon. (　1　)
PATIENT : I have a headache and fever.
NURSE　: (　2　) May I see your patient ID card?
PATIENT : (　3　) I've left it at home.
NURSE　: (　4　) Let me check your name in the computer.
Please take a seat until the doctor can see you.

ア That's too bad.　　イ No problem.
ウ I'm sorry.　　エ What's the matter?　(茨城県きぬ看護専門学校・改)

(2) A : I'm still hungry, Mom. (　1　).
B : But Kate, your weight is a problem. Eat something that won't make you fatter.
A : In other words, something low calorie? (　2　).
B : All I can say is people with weight problems shouldn't eat rich desserts.
A : Shouldn't eat this, shouldn't eat that. (　3　)?
B : Yes, the food that's good for you, like that salad you left on your plate.
A : (　4　), especially the ones with carrots in them, like this one.
B : Well, there are a lot of people in this world who would love to eat a salad like that.
A : So we can put a stamp on it and send it to them!
B : Don't be silly, Kate.
A : OK, Mom. If I follow the diet, (　5　)?
B : If you follow it, you'll still be able to wear the clothes you've already had.

ア I hate salads　　イ will you buy me some new clothes
ウ I want the chocolate sundae on the menu
エ isn't there something that I can eat
オ those are the desserts that I don't like　(名古屋市立中央看護専門学校・改)

第5章

長文読解編

これで合格

item 1

長文問題入試頻出テーマ１
果物や野菜の摂取と癌との相関性

背　景

入試問題に選ばれる長文問題のテーマは無数ですが，出題されやすいテーマの数はかなり限定されてきます。**あらかじめそれらのテーマの背景や語いを勉強しておけば，英文を読む際にずっと有利になります。**

看護医療系専門学校の入試問題で最近よく扱われているテーマの１つに，**「予防医学」**に関するものがあります。「予防医学」とは，病気になってしまってから治すことより，病気になりにくい心身を作る，病気を予防し健康を維持する，という考え方です。その方法の１つに，体によい食べ物を摂取することがあげられています。

果物や野菜が体にいいということは，知っている人も多いと思います。果物や野菜を食べることが，病気の予防になることもあります。実際に，さまざまな研究では，果物や野菜を食べることによって，癌などの病気にかかる可能性が大きく低下するということがわかってきています。

ワンポイント

関連語句

医学 … preventive [prevention] medicine「予防医学」,
medical examination [(physical) checkup]「健康診断」

食物 … nutrition「栄養〔滋養〕(物)」, fiber「食物繊維」,
brightly colored vegetables「緑黄色野菜」, leafy greens「葉物野菜」

病名 … stomach ulcer「胃潰瘍」, heart disease「心臓病」,
cancer「癌」, lung cancer「肺癌」, breast cancer「乳癌」など

ケース 1　★★★★

Read the following, and answer the questions.

（島根県立石見高等看護学院）

For years doctors and dieticians have told us to eat more fruits and vegetables. Now they think fruits and vegetables may even prevent disease. Eating foods like grapes, corn, and spinach may keep us from getting sick.

How many fruits and vegetables should we eat? Experts say five to nine servings each day will keep us healthy. ①This may sound like a lot. Some people in the United States eat only one serving a day. But people from Asian and Mediterranean countries eat many servings of fruits and vegetables. In these countries, fewer people get cancer or heart disease than in the United States.

Here are some of the things doctors and dieticians have learned about fruits and vegetables:

・Eating a diet full of all kinds of fruits and vegetables may cut our chances of getting lung and colon cancer by 30-40%. ②It may also cut our chances of getting stomach cancer by 60%.

・Women who eat lots of ③brightly colored vegetables like carrots, spinach, tomatoes, and corn may cut their chances of getting breast cancer by 30-70%. Brightly colored fruits and vegetables have certain chemicals that fight diseases. Brighter colors mean more of these good chemicals.

問 1　下線部①の 'This' が指す内容を日本語でわかりやすく説明しなさい。

問 2　下線部②の 'It' が指す内容を日本語でわかりやすく説明しなさい。

問 3　(1)　下線部③の brightly colored vegetables を食べるとどのような効果が得られるか，日本語で答えなさい。

(2)　brightly colored vegetables を食べることがよいのはなぜか，日本語で答えなさい。

処方せん

問1　指示代名詞の**this は直前の文を指す場合がある**。This を含む文は,「これは多いように感じるかもしれない」という内容なので，前文の「1日に5品から9品，果物や野菜を摂取すること」を指していることがわかる。

問2　it は形式主語になったり，天候・時間などを表す文の主語になったりといろいろな用法があるが，下線部②の It はあとに also (〜もまた)とあるので，It は前文の主部 (Eating a diet 〜 vegetables) を指していることがわかる。

問3　(1) brightly colored vegetables の次行に may cut their chances of getting breast cancer by 30-70% とある。

(2) Women 〜 good chemicals. の内容をまとめる。緑黄色野菜を食べることによって，癌をはじめとする病気を抑止する働きについて述べられているので，その内容を答える。

解答

問1　果物や野菜を1日に5品から9品摂取すること。

問2　あらゆる種類の果物や野菜が豊富な食事を取ること。

問3　(1) 乳癌になる可能性を30%から70%下げる。

(2) 癌をはじめとする病気と闘う化学物質を含んでいるから。

日本語訳　何年もの間，医者と栄養士は私たちに，もっと多くの果物と野菜を食べるように言っている。現在，彼らは果物や野菜は病気を防ぐことさえもあるかもしれないと考えている。ブドウ，トウモロコシ，ホウレン草のような食べものを食べることで，私たちが病気になることを防ぐかもしれないのだ。

私たちはどれくらいの数の果物や野菜を食べるべきだろうか。専門家は，毎日5品から9品を摂取すれば私たちは健康でいられるだろうと述べている。これは多いように思えるかもしれない。アメリカの人々の中には，1日に1品しか食べない人もいる。しかし，アジアや地中海諸国の人々は果物や野菜をたくさん食べる。これらの国々では，アメリカよりも癌や心臓病にかかる人は少ない。

ここに医者や栄養士が果物や野菜について学んだことのいくつかを列挙する。

・あらゆる種類の果物や野菜が豊富に入っている食事を取ることは，肺癌や結腸癌になる可能性を30%から40%減らす可能性がある。また，胃癌になる可能性を60%減らす可能性もある。

・ニンジン，ホウレン草，トマト，そしてトウモロコシのような鮮やかな色の野菜〔緑黄色野菜〕をたくさん食べる女性は，乳癌になる可能性を30%から70%下げる可能性がある。緑黄色野菜は，病気と闘う特定の化学物質をもっている。色がより鮮やかであるほど，これらのよい化学物質をより多く含んでいることを意味する。

Words and Phrases

解答▶別冊 *p.23*

●空所に語(句)の意味を書きましょう。

l.1 dietician	名 栄養士	*l*.1 tell 人 to ～	
l.2 fruit	名	*l*.2 vegetable	名
l.3 even	副	*l*.3 prevent	動
l.3 disease	名	*l*.3 grape	名
l.3 corn	名	*l*.3 spinach	名
l.4 keep + 人 + from -ing		*l*.4 get sick	
l.5 expert	名	*l*.6 serving	名
l.6 healthy	形	*l*.7 sound like ～	
l.7 a lot		*l*.8 a day	
l.8 Asian	形	*l*.8 Mediterranean	形 地中海の
l.10 fewer	形	*l*.10 cancer	名 癌
l.14 full of ～		*l*.14 kind of ～	
l.15 chance	名	*l*.15 lung	名
l.15 colon	名 結腸	*l*.16 stomach	名
l.17 brightly	副	*l*.17 colored	形
l.17 carrot	名	*l*.19 breast	名
l.20 certain	形	*l*.20 chemical	名
l.20 fight	動		

item 2

長文問題入試頻出テーマ 2
砂糖が体にもたらす悪影響

背景

日常の糖分の取りすぎは，健康によくないと言われています。必要以上に糖分を摂取することは，肥満や糖尿病，さらに血糖値の上昇につながります。これは，成人だけの問題ではなく，最近では小中学生のような若い人にとっての問題でもあります。糖尿病や高血圧などは，「生活習慣病」と呼ばれています。運動不足や高カロリーの摂取など，**現代の生活習慣と密接な関係を持ち，社会問題の１つとして取り上げられる**ことも少なくありません。

砂糖を過剰に取ることで体にもたらす影響について考えてみましょう。

関連語句

obesity「肥満」，diabetes「糖尿病」，glucose「グルコース，ブドウ糖」，
insulin「インシュリン」，blood vessels「血管」，
heart attack「心臓発作」，high blood pressure「高血圧」，
arteriosclerosis「動脈硬化」，cerebral infarction「脳梗塞」など

ケース 2　★★★★

次の英文を読んで，あとの問１～３に答えなさい。

（更生看護専門学校・改）

We live in a sweet world. The average American kid ①consumes more than 20 teaspoons of sugar per day, and adults eat 50% more sugar today than they did in the 1970s. We all know that too much sugar isn't good for us. But did we know it could be toxic? A team of ②researchers at the University of Utah used mice to conduct a study on the (　1　) effects of sugar. They found it could have serious effects on people's health.

Sugar Symptoms

During the 58-week-long study, mice (2) a diet containing 25% more sugar. This percentage is equivalent to a healthy human diet along with three cans of soda daily. The team found that these mice were twice as likely to die as mice fed a similar diet (3) the sugar. Though the mice did not show signs of obesity* or high blood pressure, male mice were 26% less territorial* and produced 25% fewer offspring than the other mice.

Scientists often use mice for research because they have a similar genetic structure to (4). "Since most substances that are toxic in mice are also toxic in people, it's likely that those underlying physical problems that cause those mice to have increased mortality* can be seen in people as well," says study author James Ruff of the University of Utah. Findings from this study reveal negative effects that are not as detectable as weight gain or heart problems. Sugar can contribute to (5) changes in the body that can alter development and even shorten lives.

（注） obesity：肥満　territorial：縄張り意識が強い　mortality：死亡率

問１　本文の下線部①，②の語句とほぼ同じ意味で使われている語句を本文中から選んで書きなさい。

① consume ________________

② researchers ________________

問２　本文の（ 1 ）～（ 5 ）に入る最も適切な語句をそれぞれのア～エから１つずつ選び，その記号を書きなさい。

(1)	ア negative	イ beneficial	ウ instant	エ fine
(2)	ア fed	イ feeding	ウ were fed	エ feed
(3)	ア with	イ within	ウ without	エ withdraw
(4)	ア humans	イ mice	ウ scientists	エ problems
(5)	ア observable	イ short-term	ウ structural	エ quick

(1) (　　　) (2) (　　　) (3) (　　　)

(4) (　　　) (5) (　　　)

問３　次の設問の答えとして最も適切なものをそれぞれア～エから１つずつ選び，その記号を答えなさい。

(1) Which of the following is TRUE? (　　　)

ア American kids take 20 more teaspoons of sugar than before.

イ Adults eat less sugar now than they did in the 1970s.

ウ The researchers did the experiment on mice to find out the effects of sugar on humans' health.

エ Few people say that too much sugar is not good for us.

(2) Which of the following is NOT mentioned in the article? (　　　)

ア The researchers gave the mice ordinary food and 25% more sugar than usual.

イ The mice took the same amount of sugar as three cans of soda every day.

ウ The mice given too much sugar had a doubled risk of dying.

エ Although the mice had too much sugar in their diet, they didn't gain weight or have heart problems.

(3) What did the researchers conclude from this experiment? (　　　)

ア If substances have serious effects on mice, they also have similar effects on people.

イ The cause of the increase in mortality of mice fed a diet high in sugar was revealed.

ウ You will suffer from abnormality of development and may not live long if you take too much sugar.

エ Too much sugar isn't good for us. But it is necessary when we're tired.

処方せん

問1　① consume は「消費する」という意味の動詞。同じ意味の単語を探す場合には，まず同じ品詞の語を選別する。② researchers は「研究者」という意味の名詞の複数形。

問2　⑴ 4行目の But から始まる文に toxic（有毒の）とあり，「糖分の取り過ぎは有害となりうることを知っていただろうか」と述べられている。ここから，砂糖が人間に悪い影響をもたらすことがわかるので，ア negative が適当。イ beneficial は「有益な」という逆の意味。

⑵ feed は「～にえさを与える」という意味の動詞。空所のある文の主語は mice（ネズミ）なので，動詞は「えさを与えられる」という受動態の形にしなければならない。

⑶ **twice as ～ as ...**「…より2倍の～」とあるので，2つのものを比較していることが予測できる。12行目の these mice は前文から「25%増量の砂糖を取ったネズミ」を指しており，these mice と比較しているのは「砂糖を取らなかったネズミ」であるとわかるので，ウ without が入る。エの withdraw は「撤退する」という意味の動詞で，意味がつながらない。

⑷ 空所のある文の because 以下に注目しよう。they はそれ以前に出てくる mice を指している。「ネズミがよく実験に用いられるのは，人間との遺伝的構造が類似しているから」という内容なので，ア humans が正解。

⑸「発達を変化させたり，生命を短くしたりする人体における（　）の変化」なので，ウ structural が適切。ア observable（目に見える）は，前の文の "not as detectable as..."「…ほど発見できるものではない」から不適。

問3 ⑴「次のもののうち正しいのはどれですか」

ア「アメリカ人の子供は，以前より小さじ20杯多く砂糖を取る」

本文には子供の砂糖摂取の以前との比較を示してはいない。

イ「大人は1970年代に取った砂糖の量よりも現在のほうが少ない」

本文2～3行目で，1970年よりも砂糖を摂取する量が増えていると述べている。選択肢の less が誤り。

ウ「研究者は人間の健康に及ぼす砂糖の影響を知るために，ネズミを使った実験を行った」

4～7行目の "A team ～ people's health" に書かれている。

エ「砂糖を取りすぎることは私たちにとってよくないと言う人はほとんどいない」

3行目に We all know とあるため，選択肢の Few people の部分が誤り。

⑵「記事の中で述べられていないのは次のうちどれですか」

ア「研究者はネズミに通常の食事といつもより25%多く砂糖を与えた」

9～10行目に合致する。

イ「ネズミは毎日ソーダ３缶と同じ量の砂糖を取った」

9～11行目に「健康的な人間１人の食事に毎日ソーダ３缶分加えた量に相当する」とあるので，本文と一致しない。

ウ「砂糖を過剰に与えられたネズミは死亡する危険が２倍になった」

11～12行目に合致する。

エ「ネズミは食事で過剰の砂糖を取ったが，体重の増加や心臓の問題はなかった」

21～23行目に合致する。

(3)「研究者はこの実験から下した結論は何ですか」

ア「もし物質がネズミに深刻な影響をもつならば，人間にも同様の影響を持つ」

17～18行目に「ネズミにとって有害なほとんどの物質は人間にとっても有害」と述べられているが，これが実験の結論ではない。

イ「砂糖を多く含む食事を与えられたネズミの死亡が増加する原因は明らかにされた」

本文はネズミに与える砂糖の悪影響ではなく，人間に対する悪影響の有無について述べられたものなので，不正解。

ウ「もし砂糖を多く取り過ぎると，異常な発達に苦しみ，短命になるかもしれない」

本文の最後の文に合致する。

エ「砂糖の取り過ぎは私たちにはよくない。しかし疲れているときには必要だ」

選択肢の But 以降の内容は，本文では述べられていない。

解答

問１　① eat　② scientists

問２　(1) ア　(2) ウ　(3) ウ　(4) ア　(5) ウ

問３　(1) ウ　(2) イ　(3) ウ

日本語訳　私たちは甘い世界に住んでいる。平均的なアメリカ人の子供は１日あたり小さじ20杯以上の砂糖を消費し，大人は今日では，1970年代と比べて50％多く砂糖を食べている。私たちは皆，砂糖を取りすぎることは私たちにはよくないということを知っているが，毒にもなりうるということを知っていただろうか。ユタ大学の研究者チームは砂糖の悪い側面についての研究を実施するためにネズミを利用した。彼らは砂糖が人々の健康に深刻な影響を持つことに気づいたのだ。

砂糖による症状

58週間に渡る研究の間，ネズミは砂糖を25％増量した食事を与えられた。この割合は，健康的な人間の食事に，毎日缶ソーダを３本加えることに相当する。チームは，これらのネズミが砂糖の入っていない同様の食事を与えられたネズミと比べて，死亡する可能性が２倍になるということを発見した。ネズミは，肥満や高血圧の兆候を見せたわけではなかったが，雄のネズミは他のネズミより26％縄張り意識が少なくなり，25％つくる子孫の数が少なかった。

科学者たちは，人間と同じ遺伝的構造をもつという理由で，しばしば研究にネズミを用いる。「ネズミに有毒な物質のほとんどは人々にも有毒となるので，これらのネズミの死亡率の上昇を引き起こしている根本的な身体の問題は，人々にも同様に見られる可能性がある」と研究著者であるユタ大学のジェームズラフ氏は語る。この研究の発見により，体重の増加や心臓の問題ほどは検出されない悪影響が明らかにされている。砂糖は発達を変化させてしまい，生命を短くしてしまうことさえある体内の構造上の変化につながる可能性があるのだ。

Words and Phrases

解答▶別冊 *p.24*

●空所に語(句)の意味を書きましょう。

l.1 sweet	形	*l*.1 average	形
l.1 kid	名	*l*.1 consume	動
l.2 teaspoon	名	*l*.2 per day	
l.2 adult	名	*l*.4 toxic	形 有毒の
l.5 researcher	名	*l*.5 mice	名
l.6 conduct	動	*l*.6 effect	名
l.7 serious	形	*l*.8 symptom	名 兆候
l.9 during	前	*l*.9 diet	名
l.9 contain	動	*l*.10 percentage	名
l.10 be equivalent to～		*l*.11 along with ～	
l.11 …cans of ～		*l*.12 be likely to ～	
l.12 similar	形	*l*.13 though ～	接
l.13 sign	名 兆候	*l*.14 blood pressure	名 血圧
l.14 male	形	*l*.15 produce	動
l.15 offspring	名 子孫	*l*.15 the other ～	
l.17 genetic	形 遺伝的な	*l*.17 structure	名
l.17 since	接	*l*.17 substance	名
l.19 underlying	形 根本的な	*l*.19 physical	形
l.19 cause ～ to…		*l*.20 increase	動
l.22 reveal	動	*l*.22 negative	形
l.22 detectable	形 検出される	*l*.22 weight gain	体重の増加
l.23 contribute to ～		*l*.24 alter	動
l.24 development	名	*l*.24 shorten	動

item 3

長文問題入試頻出テーマ 3
朝食の重要性

背 景

「早寝早起き朝ご飯」運動が文部科学省を中心にすすめられているように，**成長期の子供にとって朝食は重要な役割を果たします**。しかし，最近では若者を中心に朝ご飯を食べない人が増えているのが実情です。朝ご飯を抜く理由として，朝ご飯を食べる時間があれば少しでも寝ていたい，朝はお腹がすかないなどが挙げられます。

なぜ朝ご飯が重要なのか，朝ご飯を食べることによって体はどのような影響を受けるのか考えてみましょう。

関連語句

balanced breakfast「バランスのとれた朝食」，nutritious breakfast「栄養たっぷりの朝食」，raise one's temperature「体温を上げる」，bread「パン」，rice「ご飯」，hot drink「温かい飲み物」など

ケース 3　★★★★★

次の英文を読んで，あとの設問に答えなさい。

（加治木看護専門学校・改）

"Breakfast is the most important meal of the day." Many people agree with this idea, but some find it is hard to eat in the morning. Junior and senior high school students in Saitama ①<u>(ask)</u> about breakfast. About 70% of them said they ate every morning and about 10% of the students said they always skipped breakfast. Students who don't eat breakfast often say, "I don't have time to eat" or "I'm not hungry in the morning." People think about breakfast in different ways, but let's find out why it is so important.

If you look at the word "breakfast," you ②<u>(find)</u> that it is made up of two words. The first word "break" means "to stop," and the second word "fast" means "a period of eating no food." So, the morning meal, "breakfast," means to stop the period of eating no food. After dinner, your body keeps ③(work) and using energy, even while you are sleeping. In the morning, you need to eat breakfast to get your energy back. People who eat just before going to bed or people who go to bed very late may not want to eat breakfast in the morning because they don't feel hungry. But eating breakfast plays a big part in everyday life.

If you eat breakfast in the morning, you will have energy and can begin your day feeling good. If you do not eat breakfast and always feel hungry, you will not have enough energy to do much. For example, you may not want to have fun with your friends. It may also ④(be) difficult for you to concentrate in your first period English class. Some experts say that students who eat breakfast every morning do better in class than students who skip breakfast.

It is good for students to think about breakfast, so some schools started to teach about it in Japan. Here is one example. In an elementary school in Aomori, fourth-year students had a special morning class. They made their own breakfast with their parents and ate together. Before they began ⑤(cook), they listened to an expert and learned how to make a healthy breakfast. After the class was finished, one student said, "I'm going to have breakfast every morning now because I learned how important it is for me."

You may be very busy every day. Some of you may think you don't need to take the time to eat in the morning, but skipping breakfast is not a good idea. To make your day happy and healthy, it's important for you to eat breakfast. Fifteen minutes for breakfast is much better for you than fifteen of extra sleep.

問1 (　　)内の動詞を必要に応じて適切な形になおしなさい。適切な形は1語とは限らない。

① ________ ② ________ ③ ________
④ ________ ⑤ ________

問2 次の英文は本文の内容をまとめたものである。(　　)内に当てはまる英語を1語ずつ書きなさい。

Having breakfast is very important for most of us, but some people think that it is not (1) to eat breakfast every day. Some students (2) their breakfast because they don't have time to eat or don't want to eat anything in the morning.

You are usually (3) when you get up in the morning. This is because your body uses energy while you are sleeping during the night. When you go to school without eating breakfast, you don't feel good and don't want to have (4) with your friends. It is said that students (5) eat breakfast every morning do better in class.

People think in different ways about eating breakfast, but breakfast is an important meal for your health and plays a big part in your everyday life. To have a healthy life, you should try to eat breakfast every day.

(1) ________ (2) ________ (3) ________
(4) ________ (5) ________

問3 青森県のある小学校で特別な朝の授業が行われたが，どのような内容の授業が行われたのか。日本語で説明しなさい。

____

問4 次の英文が本文の内容と合っていればTを，異なっていればFを書きなさい。

(1) The writer is trying to say in this story that we should eat three meals every day.

(2) When the students in Saitama were asked about breakfast, about 70% of the students said they sometimes ate breakfast.

(3) Breakfast is the meal that "breaks" the "fast" because you eat after a long period of eating no food.

(4) When you get up in the morning, you have to get your energy back by eating food.

(5) If people eat just before going to bed, they may not want to eat breakfast.

(1) (　　　　)　(2) (　　　　)　(3) (　　　　)
(4) (　　　　)　(5) (　　　　)

処方せん

問1　① 主語は Junior ～ Saitama（埼玉の中高生）。彼らが調査の対象になっていることから，受動態の形にすることがわかる。次に続く文から過去のことであるとわかるので，were asked とする。**受動態の時制は be 動詞で決定する。**

② 前半の If you look at ～に注目。条件を表す if が導く節の中では，**未来のことでも現在形で表す**ので，will look ではなく look となっているが，「～であれば…だろう」の文になるから，find は未来を表す will find にする。

③ **keep -ing** で「～し続ける」。直後の and の後ろも using が使われていることからも，-ing 形になると考えることができる。

④ **助動詞の後ろの動詞は原形**にするので，原形の be のまま。

⑤ **begin のあとには不定詞と動名詞の両方を目的語にとることができる。**
begin to ～か begin -ing「～することを始める」のどちらでもよい。

問2　「朝食を取ることは，私たちの大部分にとってとても重要であるが，毎日朝食を取ることは容易ではないと思っている人がいる。食べる時間がなかったり，朝は何も食べたくないという理由で朝食を抜く生徒がいる。朝起きるとふつうお腹がすいている。このことは，夜の間の眠っているときにエネルギーを使うからである。朝食を食べずに登校すると，体調がよくなく友達たちと楽しいことをしたいと思わない。毎朝朝食を食べてくる生徒たちは，授業中の成果がよりよいと言われる。朝食を取ることについてはいろいろな考えがあるが，朝食は健康のために重要な食事で，毎日の生活の中で大きな役目を果たす。健康的な生活にするために，毎日朝食を食べるように心がけるべきである」

(1) 空所の前にある but に注目する。「朝食を取ることは重要である」，しかし「毎日，朝食を取ることは容易ではないと思う人がいる」という内容であることがわかる。これは，本文1～2行目の内容に合致する。

(2) 空所の後ろにある because 以下に注目。「時間がないまたは食べたくない」という理由が挙がっている。そこから，「朝食を抜く〔食べない〕」という内容になることがわかる。現在形で書かれているので，現在形の skip を用いる。本文4～5行目に合致。

(3) 空所の次の文 This is because ～に注目。「あなたの体は眠っている間にもエネルギーを使う」という内容が述べられている。ここから，「朝，目覚めたときには，エネルギーが足りない→お腹が減っている」という内容になることがわかる。

(4) 朝食を取らないときの影響が書かれている。ここには，本文22行目のFor example, ～の部分にあるhave funのfunが入る。

(5) that節中の主語はstudentsで動詞はdoなので，eat breakfast every morningはstudentsを修飾していることがわかる。関係代名詞(主格)のwho[that]が入る。It is said that+S+Vは「Sが～すると言われている」。

問3　29行目から青森の小学生について書かれている。30～31行目にあるThey made their own ～ together.までの部分をまとめる。答える際には，「～という授業内容」「～のもの」というように，聞かれていることを意識しながらまとめることが大切。

問4　(1)「筆者は毎日3食食べるべきだということをこの話の中で言おうとしている」

three meals every dayの部分が誤り。本文は，朝食を取ることの重要性が書かれており，3食取ることの重要性については触れていない。

(2)「埼玉の学生が朝食についてたずねられたとき，70%の学生がときどき朝食を食べていると言った」 sometimes(時々)が誤り。4行目に，70%の学生は，毎朝(every morning)朝食を食べると答えている。

(3)「朝食は"fast"を"break"する食事である。なぜならば食べ物を食べない長い期間のあとに取るから」 "breakfast"という言葉の定義について説明している。10～13行目までの部分に合致。

(4)「朝起きると，食事を取ることでエネルギーを取り戻さなければならない」

14～15行目のIn the morning, ～ energy back.の部分に合致。

(5)「寝る直前に食べると，朝食はほしくないかもしれない」 15～17行目のPeople who ～ feel hungry.の部分に合致。

解答

問1　① were asked　② will find　③ working　④ be
⑤ cooking[to cook]

問2　(1) easy　(2) skip　(3) hungry　(4) fun　(5) who [that]

問3　両親と一緒に自分たち自身の朝ご飯を作り，一緒に食べるという内容の授業。料理を始める前に専門家の話を聞き，健康によい朝食の作り方を学ぶ。

問4　(1) F　(2) F　(3) T　(4) T　(5) T

日本語訳　「朝食はその日の最も重要な食事である」 多くの人々はこの考えに同意するが，朝に食べることが難しいと感じる者もいる。埼玉の中高生が朝食について尋ねられた。彼らのうち約70%が毎朝朝食を食べると答え，約10%はいつも朝食は食べないと答えた。朝食を食べない学生はよく「食べる時間がない」や「朝は空腹ではない」と言う。朝食に関して人々はさまざまな考え方をもつが，なぜ朝食はそれほど重要なのかを考えてみよう。

"breakfast"「朝食」という単語をあなたが見た場合，それは2つの単語で構成されていることに気づくだろう。最初の単語の"break"は"to stop"「止めること」を意味し，2つ目の単語"fast"は"a period of eating no food"「食べ物を食べない期間」を意味する。だから，朝の食事である"breakfast"は，「食べ物を食べない期間を止めること」を意味する。夕食後，あなたの体は活動を続け，あなたが眠っている間でもエネルギーを使い続けている。朝は，あなたがエネルギーを取り戻すために朝食を食べることを必要とする。寝る直前に食べる人々や非常に遅く寝る人々は，空腹を感じないという理由で，朝食を食べたくないかもしれない。しかし，朝食を食べることは，毎日の生活の中で大きな役割を果たしているのだ。

あなたが朝食を食べれば，エネルギーをもち，気持ちよく１日を開始できる。もし朝食を食べずに常に空腹を感じている場合，多くのことをするのに十分なエネルギーをもたないことになるだろう。例えば，あなたは友達と楽しいことをしたいと思わないかもしれない。また１限の英語の授業で，あなたは集中することが難しいかもしれない。専門家の中には，毎朝朝食を食べる学生は，朝食を抜く学生よりも授業中の成果がよりよいと述べる者もいる。

学生たちが朝食について考えることはよいことなので，日本でそのことについて教え始めた学校もある。ここに１つの例がある。青森の小学校で，４年生の生徒たちは特別な朝の授業があった。彼らは両親と一緒に自分たちの朝ご飯を作り，一緒に食べるというものだった。彼らが料理を始める前には，専門家の話を聞き，健康的な朝食の作り方を学んだ。授業が終わったあと，ある生徒は，「朝食が自分にとってどれほど重要なものかわかったので，今，毎朝ご飯を毎朝食べるつもりでいる」と言った。

あなたは毎日とても忙しいかもしれない。あなたたちの中には，朝食べる時間を取る必要がないと感じている人もいるかもしれないが，朝食を抜くことはよい考えではない。あなたの１日を幸せで健康的なものにするために，朝食を食べることはあなたにとって重要である。朝食の15分間は，15分間余計に睡眠を取るよりもはるかにあなたにとってよいのだ。

Words and Phrases

解答▶別冊 *p.25*

●空所に語（句）の意味を書きましょう。

l.1 breakfast	名	*l*.1 important	形
l.1 meal	名	*l*.2 agree with ～	
l.2 idea	名	*l*.2 hard	形
l.3 junior and senior high school		*l*.5 skip	動
l.6 often	副	*l*.7 hungry	形
l.8 different	形	*l*.8 way	名
l.8 find out ～		*l*.9 be made up of ～	
l.11 period	名	*l*.13 dinner	名
l.13 keep -ing		*l*.13 energy	名
l.15 get ～ back		*l*.16 late	副
l.18 play a part in ～		*l*.22 for example	
l.22 have fun with ～		*l*.23 difficult	形
l.23 concentrate	動	*l*.27 think about ～	
l.29 elementary	形	*l*.29 fourth-year student	４年生
l.30 special	形	*l*.31 parent	名
l.31 together	副	*l*.32 listen to ～	
l.32 healthy	形	*l*.33 finish	動
l.37 don't need to ～		*l*.39 minute	名
l.40 much	副	*l*.40 extra	形

item 4

長文問題入試頻出テーマ 4
動物介在治療

背 景

薬や手術だけでなく，他の方法でも病気の症状が和らいだり，改善されることがわかってきています。その１つに，今回取り上げる**「動物介在治療」**あるいは**「アニマルセラピー」**と呼ばれるものがあります。人が動物と触れ合うことで，どのようなよい影響が現れるのでしょうか。最近では，飼っている動物を家族の一員とみなす人も増えてきています。ペットがもたらすメリットについても考えておきましょう。

関連語句

therapy「(薬物や手術によらない) 治療，セラピー」，
companion animals「ペット (動物の友達)」，pet loss「ペットの死」，
effect「効果」，pain「苦痛」，mental「精神の」，
ease [relieve / reduce] a pain「痛みを取り除く，和らげる」

ケース 4 ★★★★

次の英文を読んで，あとの設問に記号で答えなさい。

(名古屋市立中央看護専門学校・改)

You may be surprised to hear that some people who (①) for months touch a pet, and soon they begin to smile. Being with animals can help people in nursing homes feel (②) lonely and (②) sad. Animal visits can make ③<u>their</u> days more interesting and sometimes they are the beginning of a new friendship. People in nursing homes become more active and responsive ④<u>thanks (　　)</u> these animals. Animal visits can be a lot of fun, too. They can help those people forget their pains and problems. They often talk to a dog or a cat, and share their thoughts, feelings, and memories. Touching a dog or a cat can even bring down a person's blood pressure. ⑤<u>It is also good</u>

exercise because they have to move their arms, hands, and fingers when they are holding or touching the animal. (⑥) a pet, ⑦people can easily begin to talk to a person they do not know. They can talk about a common topic.

There are a lot of people in hospitals and nursing homes who once had pets. Now they ⑧are ( ) from their pets, and of course they miss them very much. ⑨Pets accept people as they are. They do not care whether someone is old or in bad health. These visits often have lasting effects. Visits like these (⑩) memories not only of the visits but also of happy times in their past lives.

問1 (①) に入る適切な語句を1つ選びなさい。 (　　)

ア don't smile　イ haven't smiled　ウ didn't smile

問2 (②) に共通して入る語を1つ選びなさい。 (　　)

ア more　イ very　ウ less

問3 下線部③の指しているものを1つ選びなさい。 (　　)

ア 動物たち　イ 老人ホームにいる人たち　ウ 介護士たち

問4 下線部④が,「～のおかげで」という意味になるように,( ) 内に入る語を1つ選びなさい。 (　　)

ア to　イ for　ウ of

問5 下線部⑤の理由を1つ選びなさい。 (　　)

ア 動物に話しかけることで,脳の働きが活性化されるから。

イ 動物を抱くときに,腕や手を動かさなくてはならないから。

ウ 動物との触れ合いが,他の人たちと触れ合うときの練習になるから。

問6 (⑥) に入る適切な語を1つ選びなさい。 (　　)

ア In spite of　イ Without　ウ Through

問7 下線部⑦で,省略されている that の入る位置を1つ選びなさい。(　　)

ア people の後　イ person の後　ウ know の後

問8 下線部⑧が,「～から遠のいている」という意味になるように,( ) 内に入る語を1つ選びなさい。 (　　)

ア far　イ beyond　ウ away

問9　下線部⑨の意味として適切なものを1つ選びなさい。　（　　　）

ア　ペットは人をあるがままに受け入れてくれる。

イ　ペットは人間と同じように扱う。

ウ　ペットはいるだけで，人間を癒やしてくれる。

問10　（　⑩　）に入る「あとに残す」という意味を表す語句を1つ選びなさい。

（　　　）

ア　put back　　イ　leave behind　　ウ　keep later

問11　次の質問の答えとして，適切なものを1つ選びなさい。　（　　　）

質問：老人たちが動物と一緒にいると，寂しさや悲しみはどのように変化しますか。

ア　動物の種類により変化する。

イ　一層深まる。

ウ　癒やされることもある。

問12　次の質問の答えとして，適切なものを1つ選びなさい。　（　　　）

質問：ペットに触れることで，人々の体はどのように変化しますか。

ア　血圧が下がることがある。

イ　心拍数が上昇する。

ウ　体温が上がる。

問13　次の質問の答えとして，適切なものを1つ選びなさい。　（　　　）

質問：ペットを介して人々の人間関係はどのようになりますか。

ア　自分の世界を築くことができる。

イ　人間関係が悪化する場合もある。

ウ　見知らぬ人と話ができるようになる。

問14　次の質問の答えとして，適切なものを1つ選びなさい。　（　　　）

質問：動物たちの訪問によって，老人たちにどのようなことがもたらされますか。

ア　動物たちの訪問がない日々をよりつまらないものにして，余計に落ち込ませてしまう。

イ　楽しくて，苦労や厄介なことを忘れさせてくれることもある。

ウ　とても元気になって，健康状態が改善されるようになる。

問15　次の質問の答えとして，適切なものを１つ選びなさい。　（　　　）

質問：ペットが人に残す思い出とはどのようなものですか。

ア　昔の幸せな思い出

イ　いつまでも続くつらい思い出

ウ　若いときの苦労の思い出

処方せん

問１　空所の後ろに for month（何か月もの間）という期間を表す語句がある。「何か月もの間笑っていない人がペットに触れると」の意味で，**現在までの継続**を表すよう，現在完了のイを選ぶ。

問２　（　②　）のある文の主語は Being with animals で，動詞が can help。前文で動物に触れることの効果が述べられているので，lonely や sad という形容詞を否定する単語が入ることがわかる。

問３　下線部③の前にある動詞の make は，**〈make＋O＋C〉**という文型を作っている。目的語の部分が their days で補語が more interesting。「動物たちの訪問が彼らの日々をより楽しいものにする可能性がある」の意味になる。１文目や２文目に続いて，動物との触れ合いが nursing homes にいる人々にもたらす効果を述べているので，their はイの「老人ホームにいる人たち」を指しているとわかる。

問４　thanks to ～は「～のおかげで」。

問５　下線部⑤の後ろに理由を表す because ～があるので，その部分を答えればよい。

問６　through ～は「～を通して」という意味の前置詞。アは「～に関わらず」，イは「～なしで」という意味なので，本文には合わない。

問７　that にはいろいろな品詞があるが，**省略される that は名詞節を導く接続詞と目的格の関係代名詞**。下線部中で省略されている箇所として考えられるのは a person they do not know の部分。〈名詞＋S＋V〉という語順になっている場合，名詞と S の間には，関係代名詞の目的格が省略されている可能性がある。

問８　be away from ～「～から遠ざかっている」。be far from ～は「決して～ではない」という意味で用いる。

問９　**〈as＋S＋is［am / are］〉**で，「S のあるがままに」という意味の慣用表現。ここでの they は「人々」を指している。

問10　ア put back は「（元のところに）戻す」。

問11　文全体の内容が，「動物と触れ合うことのメリット」なので，イは要旨と合わない。アは本文には書かれていない。

問12　10～11行目にblood pressure「血圧」について述べられている。心拍数や体温については書かれていない。

問13　本文の空所（　⑥　）以下に該当する。動物に触れることで，人間同士の関係も円滑になるという内容が書かれている。

問14　全体の趣旨としては，動物たちの訪問は老人たちの生活にメリットをもたらしていると書かれている。動物の訪問がない日については書かれていないので，アは誤り。8～9行目のThey can ～ problems. の部分で，イの内容が書かれている。また，ウは，「血圧」については書かれているが，「健康状態が改善される」ということまでは書かれていない。

問15　20行目のvisits like these「このような訪問」のあとに明記されている。「訪問の記憶だけでなく，過去の生活の楽しい時間の記憶が残る」とある。not only ～ but also…「～だけでなく…」

解答

問1　イ	問2　ウ	問3　イ	問4　ア	問5　イ	問6　ウ
問7　イ	問8　ウ	問9　ア	問10　イ	問11　ウ	問12　ア
問13　ウ	問14　イ	問15　ア			

日本語訳　何か月もの間笑っていないのに，ペットに触れるとたちまち笑顔になってしまう人がいるということを聞いてあなたは驚くかもしれない。動物といることは，高齢者介護施設にいる人々が，孤独感や寂しさを和らげる働きがあるのだ。動物の訪問は，彼らの日常をよりおもしろいものにする可能性があり，ときどきそれは新しい友情の始まりになるのだ。介護施設の人々は，これらの動物のおかげで，より活動的で敏感になる。動物の訪問は非常に楽しいものでもある。動物は，人々が痛みや問題を忘れる手助けをしてくれる。彼らはしばしば犬や猫に話しかけ，自分たちの考えや，感情，記憶を共有している。犬や猫に触れることで，人の血圧を下げるということさえ起こりうる。動物を抱いていたり，触れていたりするときに，腕，手，そして指を動かさなければならないので，それはよい運動でもある。ペットを通じて人々は知らない人に容易に話しかけ始めることができる。彼らは共通の話題について話すことができるのだ。

病院や介護施設には，かつてペットを飼っていた人々がたくさんいる。今，彼らはペットから遠のいていて，もちろん，彼らはとても寂しい思いをしている。ペットは人々をあるがままに受け入れてくれる。彼らは人が高齢であろうが健康状態が悪かろうが気にならない。これらの訪問はしばしば永続する効果をもたらす。このような訪問は，訪問だけの記憶ではなく，彼らの過去の生活の楽しい時間の記憶も残してくれるのだ。

Words and Phrases

解答▶別冊 p.27

●空所に語（句）の意味を書きましょう。

l.1 be surprised to ～		l.1 hear	動
l.2 touch	動	l.2 pet	名
l.2 soon	副	l.3 help ～ …	
l.3 nursing homes		l.3 feel	動
l.3 lonely	形	l.4 sad	形
l.4 make＋O＋C		l.5 interesting	形
l.5 sometimes	副	l.5 beginning	名
l.6 friendship	名	l.6 active	形
l.7 responsive	形	l.7 thanks to ～	
l.8 fun	名	l.8 forget	動
l.8 pain	名	l.9 problem	名
l.9 share	動	l.10 thought	名
l.10 feeling	名	l.10 memory	名
l.11 bring down ～		l.12 exercise	名
l.12 arm	名	l.12 hand	名
l.12 finger	名	l.13 hold	動
l.14 easily	副	l.14 begin to ～	
l.14 talk to ～		l.14 person	名
l.15 common	形	l.15 topic	名
l.16 hospital	名	l.17 of course	
l.18 miss	動	l.18 accept	動
l.19 care	動	l.19 whether	接
l.19 bad	形	l.19 health	名
l.20 lasting	形	l.20 effect	名
l.21 memory	名	l.21 not only ～ but also…	
l.22 past	形		

item 5 長文問題入試頻出テーマ 5
サプリメントの役割

背　景

日々の食事から栄養を摂取するだけではなく，現代では，**栄養補助食品やサプリメントからビタミンやカルシウム，鉄分などの栄養補給を行う人が増えています。**栄養補助食品を摂取する理由や，摂取する際に気をつけなければならないこと，主な栄養補助食品の利点などをまとめておくとよいでしょう。

関連語句
supplement「栄養補助食品，サプリメント」，
nutrient「栄養物，栄養素」，good nutrition「良好な栄養状態」，
mineral「ミネラル」，mineral water「ミネラルウォーター」，
vitamin C「ビタミン C」，vitamin pill「ビタミン錠剤」など

ケース 5　★★★★

次の英文を読んで，下の各問いに答えなさい。

（奈良県病院協会看護専門学校・改）

Although most physicians* and specialists recommend the intake of vitamins only if the person is suffering（　①　）a certain deficiency* in his or her diet, it has become a trend for most people to consume vitamin supplements* on a regular basis.* There is ②<u>widespread belief</u> that vitamins promote good health, aid in weight loss, and improve one's complexion,* among others. There are ③<u>others</u> who believe that certain vitamins help prevent cancer and other dangerous diseases.

The multibillion-dollar* vitamin industry is a rapidly expanding one as increasing numbers of people, including children and teenagers, consume vitamins to enhance* their health and general well-being.* There is some truth in the belief of vitamin consumers that vitamin supplements form an essential part of a person's diet. This mainly springs from the fact that most of our food (except foods such as lettuce, fruits, and juices) are cooked by using heat and hence* loses its properties.* Not many of us eat salads and raw vegetables such as carrots, cauliflowers, broccoli, and leafy vegetables. Instead, the vegetables that we eat have been cooked, which destroys much of their nutritional* value.

※ In (④), most of us also tend to eat ⑤refined* carbohydrates*, not complex* ones. The former are more popular such as polished rice,* pasta, white bread, and others, which have almost no nutritional benefits. Polishing is a process that strips carbohydrates of fiber and essential vitamins. Hence, vitamin supplements provide these important elements that are missing in our diet. ⑥Vitamins play a role in ensuring* that we maintain a balanced diet. Supplements* provide us with the essential vitamins lacking in our meals due to our unhealthy eating habits.

（注） physician：医者　deficiency：欠乏，不足　supplement：栄養補助食品，サプリメント　on a regular basis：日頃から　complexion：顔色，肌の色　multibillion-dollar：数十億ドル規模の　enhance：高める，さらによくする　general well-being：一般的な健康問題　hence：だから　property：特性　nutritional：栄養の　refined：精製された　carbohydrate：炭水化物，糖質　complex：複合の　polished rice：白米　ensure：確実にする

問1　（ ① ）に入る適切な前置詞を次のア〜エから１つ選び，その記号を書きなさい。

ア at　イ on　ウ over　エ from　（　　　）

問2　下線部②はどのようなことが広く信じられているのか。文中からわかることをすべて日本語で書きなさい。

＿＿＿＿＿＿＿＿＿＿＿＿＿＿＿＿＿＿＿＿

問3　下線部③はどのような人たちか。日本語で具体的に書きなさい。

＿＿＿＿＿＿＿＿＿＿＿＿＿＿＿＿＿＿＿＿

問４　※の下線部全体が「その上」という意味になるよう，（　④　）に入る適切な英語１語を書きなさい。

問５　下線部⑤とはどのようなものか。その例としてあげられているものをすべて抜き出して，書きなさい。

問６　下線部⑥のビタミンが果たしている役割とはどのようなものか。日本語で具体的に書きなさい。

問７　次のア～オの各英文について，本文の内容に合っているものには○，間違っているものには×を書きなさい。

ア Most physicians and specialists recommend the intake of vitamins whenever the person wants them in his or her diet.

イ People including children and teenagers consume vitamins, and can't help but buy them from the multibillion-dollar vitamin industry.

ウ It is true that vitamin consumers believe vitamin supplements form an essential part of a person's diet.

エ Though most of our food is cooked by using heat, we don't lose its properties.

オ By taking supplements, we can make up for the lack of essential vitamins in our meals.

ア（　　　）　イ（　　　）　ウ（　　　）

エ（　　　）　オ（　　　）

処方せん

問１　suffer from ～で「～で苦しむ」の意味。

問２　**belief that+S+V** で「Sが～するという考え」という意味になり，that以下でbeliefの具体的な内容を説明している。promote ～，aid ～，and improve ～と動詞が３つ並列されていることから，３つの内容を書けばよいことがわかる。

問３　下線部の後ろにwhoがあることから，who以下がothersを詳しく説明をしていることがわかる。who ～ dangerous diseasesまでの部分を解答としてまとめる。

問4　**In addition** は「加えて」という意味で，**追加や列挙**を表す。

問5　次の文にある such as ～は「～のような」という意味で，前に出てきたものの具体的な例を表す。従って，それ以降に書かれている内容を解答として抜き出す。

問6　下線部⑥の play a role in ～は「～の役割を果たす」という意味なので，in 以降を挙げればよいことがわかる。ensure (that) +S+V「S が～することを確実にする」という構文に注意して和訳しよう。

問7　ア「ほとんどの医者や専門家は，人が食事で必要としているときはいつでもビタミンを摂取するように勧めている」

whenever the person wants them「それらを人が望んだときはいつでも」が誤り。2～3行目の only if the person is ～の部分で「不足したときのみ」という内容が書かれているので×。

イ「子供や十代の若者を含む人々がビタミンを消費していて，数十億ドル規模になるビタミン業界からビタミンを買わずにはいられない」

can't help but ～「～せずにはいられない」という意味。9～12行目に子供や十代の若者もビタミンを摂取し，ビタミン業界は拡大しているとあるが，「ビタミン業界から買わずにはいられない」とは書かれていないので×。

ウ「ビタミン消費者はビタミンのサプリメントは人の食事の不可欠な部分を形成していると信じているのは本当だ」

12～14行目の There is some truth in ～の部分に合う。

エ「私たちの食べ物のほとんどは熱を使って調理されているが，その特性は失ってはいない」

16行目に loses its properties と書かれているので，後半部分が誤り。

オ「サプリメントを摂取することで，私たちは食事では，不十分な必要不可欠なビタミンを補うことができる」

supplements の働きについて書かれた最終文に合致する。make up for ～は「～の埋め合わせをする」という意味。

解答

問1　エ

問2　ビタミンは，健康を促進し体重の低下の一助となり，何よりもとりわけ皮膚の状態をよくするという考え方。

問3　ある種のビタミンは，癌や他の危険な病気を妨げる手助けとなると信じている人々。

問4　addition

問5　polished rice, pasta, white bread, and others

問6　私たちがバランスの取れた食事を維持することを確実にするという役割。

問7　ア ×　　イ ×　　ウ ○　　エ ×　　オ ○

日本語訳　ほとんどの医者や専門家は，食事の中である種の栄養不足で苦しんだときだけビタミンの摂取を勧めているが，ほとんどの人にとっては，日頃からビタミンのサプリメントを消費することが流行となっている。ビタミンは健康を促進し，体重の低下の一助となり，とりわけ何よりも皮膚の状態をよくするというような考えが広まっている。ある種のビタミンは，癌や他の危険な病気を妨げる手助けになると信じている人もいる。

数十億ドル規模のビタミン業界は，子供や十代の若者を含む，自身の健康や一般的な健康問題をさらによくするためにビタミンを摂取する人々が増え続けていることから，急速に拡大している。ビタミンのサプリメントは，人の食事の不可欠な部分を形成しているというビタミン消費者たちの信念には何らかの真実がある。これは主に，私たちの食べ物のほとんど（レタスのような食物や，果物，ジュースを除いて）は，熱を用いて調理されて，それゆえにその特性を失ってしまうという事実から生じたものである。私たちの多くは，サラダや，ニンジン，カリフラワー，ブロッコリー，葉野菜のような生野菜を食べない。その代わりに，私たちが食べる野菜は調理されて，栄養の価値の大部分を壊してしまっているのだ。

その上，私たちのほとんどは複合炭水化物ではなく精製炭水化物を食べる傾向もある。前者は，白米，パスタ，白パンなど，より一般的なものであるが，それらにはほとんど栄養価は含まれていない。精製するということは，炭水化物から繊維や必要なビタミンを取り除くというプロセスである。従って，ビタミンのサプリメントは，私たちの食事の中でなくなっているこれらの重要な要素を提供している。ビタミンは，私たちがバランスの取れた食事を維持することを確実にする役割を果たしている。サプリメントは私たちに，私たちの不健康な食習慣のせいで食事に欠いている必要なビタミンを提供してくれているのだ。

Words and Phrases

解答▶別冊 p.28

●空所に語（句）の意味を書きましょう。

l.1 although	接	l.1 specialist	名
l.1 recommend	動	l.1 intake	名 摂取
l.2 vitamin	名	l.3 trend	名
l.4 consume	動	l.5 widespread	形
l.5 belief	名	l.5 promote	動
l.6 weight loss	体重の減少	l.6 improve	動
l.8 dangerous	形	l.8 disease	名
l.9 dollar	名	l.9 industry	名
l.9 rapidly	副	l.10 expand	動
l.10 increasing	形	l.10 a number of ～	
l.10 including	前	l.11 teenager	名
l.12 general	形	l.12 truth	名
l.13 form	動	l.13 essential	形
l.13 part	名	l.14 mainly	副

l.14 spring from ～	～から生じる	*l*.14 fact	名
l.15 except	前	*l*.15 such as ～	
l.15 lettuce	名	*l*.15 juice	名
l.17 salad	名	*l*.17 raw	形
l.17 carrot	名	*l*.17 cauliflower	名
l.17 broccoli	名	*l*.18 leafy	形
l.19 destroy	動	*l*.20 tend to ～	
l.21 the former	前者	*l*.22 pasta	名
l.22 bread	名	*l*.23 benefit	名
l.23 process	名	*l*.23 strip ～ of…	
l.23 fiber	名	*l*.24 provide	動
l.25 element	名	*l*.26 maintain	動
l.26 balanced	形	*l*.27 lack	動
l.27 due to ～		*l*.28 unhealthy	形
l.28 eating habit	食習慣		

実戦テスト

解答▶別冊 *p.29*

次の英文を読んで，あとの質問に答えなさい。 （東群馬看護専門学校・改）

I am a nurse, but I am a little different from most other nurses. I am a male nurse, which is not unusual today. However, the thing that makes me different from other nurses is that I am 43 years old and have just started my career as a nurse. I am a so-called "middle-aged" man. Some people may think it is funny or even strange, but I had a reason for starting my second career in my forties, and this is something that I do not usually tell people.

My first patient was a man. He was in his fifties and treated me very severely. When he saw me for the first time, he said to me, "Are you really the nurse in charge of me? I want to be taken care of by a female nurse or a younger male nurse." I could understand his feelings. I might have said the same if I had been a patient. After listening to him, I smiled, but it was a bitter smile rather than a natural smile.

I had expected what would happen to me when I began working as a nurse. When people who are sick visit hospitals, they expect to be taken care of by young female nurses. I thought that was natural, but I decided to become a nurse anyway. And it is my job, I am a nurse. I have to try to do what I can do. I need to have a lot of experiences to be a good nurse. I have learned that nursing is not just about treating patients' diseases, but also about supporting them mentally and emotionally. I want to support them and do my best to take care of them.

I continued being nice to that first patient. He was not a person who liked talking, but little by little, he began to open his mind up to me. I learned that he was a cook at a Japanese restaurant. I had also been a cook at a Chinese restaurant before I became a nurse. We had many experiences in common, and that helped him to become friendlier. When he eventually smiled at me, I was really happy.

On the day he left the hospital he asked me, “Why did you become a nurse?” I hesitated to tell him, but started by saying, “My daughter was born disabled. She can’t see, hear, or speak. She will never be able to walk for as long as she lives, but I have decided to do as much as I can do for her.” With tears in his eyes, he said, “I’m really sorry to have said such bad things to you before. I couldn’t have guessed anything about your daughter’s situation. Please visit my restaurant with your daughter someday, and I’ll prepare a special meal for both of you.” I know that no one ever likes to see a middle-aged man crying, but I could not help crying.

(1) 筆者はどういう人物か。当てはまらないものを1つ選びなさい。　(　　　)

ア The writer is a man.

イ The writer is a nurse.

ウ The writer is under forty.

エ The writer used to have another job.

(2) 筆者が最初に担当した患者はどのような人物か。当てはまるものを1つ選びなさい。

(　　　)

ア The patient was a nice man.

イ The patient was a young man.

ウ The patient was a middle-aged man.

エ The patient was an old woman.

(3) 筆者は患者に対してどのように接しようとしているか。当てはまるものを1つ選びなさい。

(　　　)

ア The writer wants to help patients not only physically but also mentally.

イ The writer wants to support the patient’s family.

ウ The writer wants to be a female nurse because people like female nurses better.

エ The writer wants to be like a member of the patient’s family.

(4) 筆者が担当の患者と仲よくなったきっかけは何か。当てはまるものを1つ選びなさい。

( )

ア They lived in the same town.

イ They both liked Chinese food.

ウ The patient knew the writer's brother.

エ They both had the same job.

(5) 筆者が，患者の退院の日に泣いたのはなぜか。当てはまるものを1つ選びなさい。

( )

ア The writer felt sad because his patient would not recover.

イ The writer felt happy because his patient's words were heart-warming.

ウ The writer felt sorry that he would miss the patient.

エ The writer felt sorry that the patient's daughter was disabled.

⑥

Memo

著者紹介

杉山 一志 （すぎやま かずし）

東進ハイスクール・東進衛星予備校，Z会東大進学教室講師。実用英語検定1級，TOEIC®テスト975点など，さまざまな英語資格を取得。小学生から大学受験生，TOEIC受験指導まで幅広く行うとともに，模試作成・監修や教材開発にも取り組んでいる。
主な著書として
『英文法パターンドリル（中1，中2，中3）』（文英堂），
『小学校スーパードリル2・3』（共著・Jリサーチ出版），
『スピード英語長文Level 1～4』（共著・桐原書店）
などがある。

カバーデザイン　はにいろデザイン
紙面デザイン　福永重孝　はにいろデザイン
イラスト　江村文代
英文校閲　Bernard Susser

シグマベスト

看護医療系の英語総合

編著者　杉山一志
発行者　益井英郎
印刷所　中村印刷株式会社
発行所　株式会社　文英堂
〒601-8121　京都市南区上鳥羽大物町28
〒162-0832　東京都新宿区岩戸町17
（代表）03-3269-4231

●落丁・乱丁はおとりかえします。

ΣBEST シグマベスト

専門学校受験

看護医療系の英語総合

これで合格

別冊解答

文英堂

第1章 発音・アクセント編

item 1 発音 (1)

チェック 1 本冊 *p.9*

答 (1) ア (2) ア (3) エ (4) ア (5) ウ (6) エ (7) ウ

解説

(1) ア [wɔ́ːrmθ] (暖かさ)　イ [ɔ́ːrdʒənt] (緊急の)
　ウ [tɔ́ːrmənl] (終着の)　エ [fɔ́ːrðər] (さらに遠くに)
(2) ア [dǽmidʒ] (損害)　イ [ʃeik] (振る)
　ウ [réidɑːr] (レーダー)　エ [stéidiəm] (競技場)
(3) ア [bəːrd] (鳥)　イ [bəːrn] (燃える)
　ウ [ə́ːrli] (早く)　エ [pɑ́ːrdn] (許し)
(4) ア [blʌd] (血)　イ [tuːl] (道具)
　ウ [fuːd] (食物)　エ [tʃuːz] (選ぶ)
(5) ア [in(j)úːmərəbl] (無数の)　イ [krúːʃəl] (決定的な)
　ウ [sʌtl] (微妙な)　エ [prúːdənt] (用心深い)
(6) ア [nait] (騎士)　イ [láibreri] (図書館)
　ウ [sait] (視力)　エ [sígnətʃ(u)ər] (署名)
(7) ア [houm] (家)　イ [sóuʃəl] (社会の)
　ウ [tuər] (旅行)　エ [bout] (ボート)

item 2 発音 (2)

チェック 2 本冊 *p.11*

答 (1) エ (2) ア (3) ウ (4) エ (5) エ (6) エ

解説

(1) ア [ədváiz] (助言する)　イ [rizíst] (抵抗する)
　ウ [pléznt] (愉快な)　エ [luːs] (ゆるい)
(2) ア [beið] (入浴する)　イ [bouθ] (両方の)
　ウ [θə́ːrsti] (のどの渇いた)　エ [θáuz(ə)nd] (1000)
(3) ア [bɑm / bɔm] (爆弾)　イ [kláim] (登る)
　ウ [igzíbit] (展示する)　エ [sʌtl] (かすかな)
　ウ以外は黙字。
(4) ア [tʃə́ːrtʃ] (教会)　イ [tʃek] (照合する)
　ウ [biːtʃ] (海岸)　エ [kɔ́ːrəs] (コーラス)
(5) ア [eit] (8)
　イ [bɔːt] (buy の過去形・過去分詞形)
　ウ [wei] (重さを量る)　エ [læf] (笑う)
　エ以外は黙字。
(6) ア [kɔːzd] (cause の過去形・過去分詞形)
　イ [smeld] (smell の過去形・過去分詞形)
　ウ [ʃoud] (show の過去形)
　エ [wɑʃt / wɔʃt] (wash の過去形・過去分詞形)

item 3 アクセント

チェック 3 本冊 *p.13*

答 (1) エ (2) エ (3) ア (4) ア (5) オ (6) ウ (7) エ

解説

(1) ア entertáin (楽しませる)　イ voluntéer (志願者)
　ウ introdúce (紹介する)　エ éducate (教育する)
　ア〜ウは第3音節を最も強く読む。
(2) ア ímage (印象)　イ áspect (局面)
　ウ vólume (体積)　エ paráde (行列)
(3) ア pionéer (開拓者)　イ mánager (経営者)
　ウ ófficer (役人)　エ vísitor (訪問者)
　ア -neer を強く読む。
(4) ア compúter (コンピューター)
　イ réalize (理解する)
　ウ áverage (平均)　エ cámera (カメラ)
(5) ア pássenger (乗客)
　イ básketball (バスケットボール)
　ウ cómpany (仲間)　エ cálendar (カレンダー)
　オ dynámic (活動的な)
　イ，エ，オのようなカタカナ語のアクセントの位置に注意する。
(6) ア óbvious (明らかな)　イ sýmpathy (同情)
　ウ devélop (発達させる)　エ éstimate (見積もる)
　オ jóurnalism (ジャーナリズム)
(7) ア éxercise (運動)　イ sátisfy (満足させる)
　ウ sénsitive (敏感な)　エ offícial (公務の)

実戦テスト 本冊 *p.14*

❶

答 (1) エ (2) ア (3) ウ (4) イ

解説

(1) [grǽvəti] (重力)

ア [mésidʒ]（伝言）　イ [əméiziŋ]（驚嘆すべき）

ウ [fəmíljər]（よく知られた）　エ [ǽktʃuəl]（実際の）

(2) [ríːsntli]（最近）

ア [əríːnə]（競技場）　イ [ikspékt]（期待する）

ウ [méinli]（主に）　エ [wíərinəs]（退屈）

(3) [tráuzərs]（ズボン）

ア [inkríːs / ínkriːs]（増加する／増加）

イ [fəlá(ː)səfi]（哲学）　ウ [reiz]（持ち上げる）

エ [siːs]（終わる）

(4) [ðéərfɔːr]（それゆえに）

ア [θɔːt]（think の過去形・過去分詞形）

イ [ɔːlðóu]（～であるけれども）

ウ [θruː]（通りぬけて）

エ [əθárəti / əθɔ́ːrəti]（権威）

2

答 (1) ウ　(2) イ　(3) エ　(4) イ　(5) ウ

(1) ア [pǽtərn / pǽtn]（パターン）　イ [pǽndə]（パンダ）

ウ [peist]（のりをつける）　エ [pǽnik]（パニック）

(2) ア [kiŋ]（王）　イ [niː]（ひざ）

ウ [kis]（キスする）　エ [kílər]（殺人者）

(3) ア [gou]（行く）　イ [bout]（ボート）

ウ [nou]（知る）　エ [ʃaut]（叫ぶ）

(4) ア [bəːrd]（鳥）　イ [háːrt]（心臓）

ウ [ʃəːrt]（ワイシャツ）　エ [ləːrn]（習う）

(5) ア [kɔːld]（call の過去形・過去分詞形）

イ [lʌvd]（love の過去形・過去分詞形）

ウ [níːdid]（need の過去形・過去分詞形）

エ [pléid]（play の過去形・過去分詞形）

3

答 (1) イ　(2) エ　(3) ウ

解説

(1)「そのあたりはたくさんの電線が切れたそうだ」

[iléktrik]（電気の）

ア [siːt]（席）　イ [ded]（死んだ）　ウ [fit]（ぴったりの）

(2)「砂漠に行ったことはありますか」 [dézərt]（砂漠）

ア [hiər]（聞こえる）　イ [hɑːrt]（心臓）

ウ [səːrtn]（確信して）　エ [let]（～させる）

「見捨てる」の意味の desert[dizə́ːrt] と混同しないこと。

(3)「そのカメラを買うための十分なお金を持っていない」

[inʌ́f]（十分な）

ア [nou]（知っている）

イ [bɔːt]（buy の過去形・過去分詞形）

ウ [kʌ́ntri]（国）　エ [θruː]（通りぬけて）

4

答 (1) イ　(2) ウ　(3) ア　(4) エ　(5) イ

解説

(1) ア cóurage（勇気）　イ desíre（望み）

ウ jeálous（嫉妬した）　エ sýstem（システム）

(2) ア cáncer（癌）　イ mánage（運営する）

ウ prevént（妨げる）　エ spléndid（すばらしい）

(3) ア impátient（我慢できない）

イ índustry（産業）　ウ púnctual（時間通りの）

エ spécialist（専門家）

(4) ア cháracter（特徴）　イ éxcellent（すばらしい）

ウ récognize（認識する）　エ tradítion（伝統的な）

(5) ア automátic（自動的な）　イ geógraphy（地理学）

ウ indepéndent（頼らない）

エ introdúction（紹介）

第2章 文法・語法編

item 1 文構造 (1)

チェック 1　本冊 *p.17*

答 (1) ウ　(2) ウ　(3) イ

解説

(1)「あなたと私は同じクラスだ」 you and I＝we なので，be 動詞は are になる。

(2)「彼は私の大好きなサッカー選手だ」

He＝my favorite soccer player の関係が成り立つので，S＋V＋C の文型が考えられる。

(3)「ことわざによると，良薬は口に苦しだ」 bitter は「苦い」という意味の形容詞。選択肢はすべて S＋V＋C を作ることができる動詞なので，意味が決め手になる。taste bitter「苦い味がする」

item 2 文構造 (2)

チェック 2　本冊 *p.19*

答 (1) ウ　(2) ウ　(3) エ　(4) ウ

解説

(1)「質問があれば手を上げてください」 ウ raise は後ろ

に目的語がきて「O を上げる」という意味で用いる。ア rise は「上がる」という意味で後ろに目的語を置かない。

(2)「デイビッドは昨日新しいおもちゃの車を息子に買ってあげた」 buy は後ろに O (人) + O (もの) がきて「(人)に (もの) を買ってあげる」となるが，前置詞 for を用いて，**O** (もの) **+for+**人とすることもできる。

(3)「警察官は私に駅に行く道を教えてくれた」 空所のあとに me (人) + the way (こと) と目的語が 2 つ置かれている。目的語を 2 つとるのはエ told。

(4)「悲しい気分だ。1人にしてくれませんか」 **leave+O +C** で「O を～のままにしておく」となる。C には，O の状態や様子を表す形容詞がくる。

item 3 名詞

チェック 3 本冊 *p.21*

答 (1) ア (2) ウ (3) ア (4) ウ (5) ア

解説

(1)「あなたの助言は決して忘れません」 **advice** は不可算名詞なので，複数形にはしない。ウ advise は「忠告する」という意味の動詞。

(2)「看護学校についていくつか情報をいただけませんか」 **information** は不可算名詞なので，(×) an information や (×) informations は誤り。

(3)「昨日鶴岡ではたくさんの雨が降った」 不可算名詞は単数扱いなので，動詞は was を使う。

(4)「イケアで家具を1つ買うつもりだ」 **furniture** は不可算名詞。数えるときには，**a piece of** furniture「1つの家具」や **two pieces of** furniture「2つの家具」とする。

(5)「お茶をもう1杯いかがですか」 tea は液体なので，原則として (×) a tea や (×) two teas のように数えることはできない。容器を用いて **a cup of** tea「カップ1杯のお茶」／**two cups of** tea「カップ2杯のお茶」とする。

item 4 代名詞 (1)

チェック 4 本冊 *p.23*

答 (1) イ (2) ア (3) イ (4) エ (5) ウ

解説

(1)「私は彼女の計画に賛成できない」 空所の後ろに plan「計画」という名詞があるため，所有格の her を入れて her plan「彼女の計画」とする。

(2)「質問があれば私たちに知らせてください」 let + O + 動詞の原形「O に～することを許す」。let に目的語が続くので，目的格の **us** がくる。

(3)「これは私のペンではなく彼のだ」 my pen と his pen を比較している。「彼のペン」=「彼のもの」と考えると所有代名詞 **his** が入る。

(4)「マギー・ジェーンは私の古い友人の1人だ」「私の友人」という場合，(×) a *my* friend のように，冠詞と所有格を並べることはできない。

(5)「私たちの何人かは酒田市に住んでいる」 前置詞 **of** の後ろには目的格 **us** がくる。

item 5 代名詞 (2)

チェック 5 本冊 *p.25*

答 (1) エ (2) エ (3) ア (4) イ (5) イ

解説

(1)「私たちの気候はアフリカの気候より穏やかだ」 ここでは climate のくり返しを避けるための代名詞を用いる。climate は単数なので **that** を選ぶ。

(2)「10人のうち7人は運転できる。残りの人は運転できない」 3人以上のうちの「残りの人々 (複数)」と表現する場合は，the others を用いる。

(3)「彼は傘をなくしたので，もう1つ別のを買うべきだと思った」「もう1つ〔1人〕別のもの〔人〕」を表す場合は，another を用いる。**another** は，an + other からできた言葉なので，単数を指す。

(4)「幽霊を信じている人もいれば信じていない人もいる」 **some** ～，**others…**「～もあれば，…もある」

(5)「私は自転車を2台もっている。1台は赤色でもう1台は黒色だ」 2台のうちの「残り1台」を表現する場合は，the other を用いる。

item 6 代名詞 (3)

チェック 6 本冊 *p.27*

答 (1) ア (2) イ (3) イ (4) ウ (5) エ

解説

(1)「病院のあらゆる部屋は患者でいっぱいだった」 room が単数形であることが手がかり。〈**every＋単数名詞**〉で「すべての～」という意味になる。その他の選択肢は，複数名詞を続ける必要がある。

(2)「彼の両親は来週金曜日に病院に来るだろう」 both は代名詞ならば both of his ～の語順になる。形容詞ならば，イの both his が正しい。

(3)「あなたはどちらか1つもつことができますが，両方はもてません」 後半に not both とあるので，「(2つのうちの) どちらか」を表す **either** が正解。

(4)「その美しいかばんはパレードに参加したすべての人に与えられた。人々はそれらをもらってうれしかった」 この all は代名詞で「すべての人」の意味。

(5)「それは私には関係がない」 **have nothing to do with** ～で「～と何の関係もない」の意味をもつ慣用表現。

item 7 形容詞・副詞

チェック 7 本冊 *p.29*

答 (1) イ (2) イ (3) イ (4) ア (5) ア

解説

(1)「睡眠は大事だ」 be 動詞の後ろでは，S の様子や状態を表す形容詞が置かれる。ウの import は「輸入」「輸入する」という意味で文意に合わない。

(2)「彼女は映画を見終えたあとは幸せそうだった」 seem C で「C のように見える」という表現。C には S の様子や状態を表す形容詞が置かれるので，イ happy を選ぶ。

(3)「私は最近あまりいい気分ではない」「最近」の意味はイ lately。他の選択肢は，ア late「遅い」(形容詞)，ウ later「あとで」(副詞)／「最近の」(形容詞)，エ latter「後者の，後半の」(形容詞) の意味。

(4)「とても激しく雨が降っていたので，私はほとんど歩くことができなかった」 ア **hardly** は「ほとんど～ない」という程度を表す否定語。イ seldom やウ rarely も「ほとんど～ない」という意味の否定語だが，頻度や回数を表すので，ここでは文意に合わない。

(5)「とても激しく雪が降っていて，道路はすでに運転をするのが困難になっている」 ア hard は「激しく」という意味の副詞。イ hardly は「ほとんど～ない」という意味の副詞なので文意に合わない。

item 8 数量形容詞

チェック 8 本冊 *p.31*

答 (1) イ (2) イ (3) イ (4) エ (5) ウ (6) ア (7) ウ

解説

(1)「2つ，3つ質問してもいいですか」 question は可算名詞なので，little は用いない。〈**a few＋可算名詞**〉で「2，3の～」という意味。a を省いて few にすると「ほとんど～ない」という意味になるのでアは文意に合わない。

(2)「塩を取りすぎることは健康によくない」 salt は不可算名詞なので，イ much を用いる。ウ plenty of も「多い」の意味だが，名詞なので前に too はこない。

(3)「父は昨日仕事で東京に行った。数日そこに滞在するだろう」 days という可算名詞があるので few を用いる。a few days で「2，3日」という意味。little は不可算名詞とともに用いる語なので不正解。

(4)「ケーキを焼こうと思っているが，冷蔵庫に卵がほとんどない」 eggs は可算名詞なので，a little や little は使えない。ここでは，but の前後で意味を考えると「卵がほとんどない」と述べられていると考えられるので，エ few が適切。

(5)「急いで。最終電車に乗るために私たちには時間がほとんどないよ」 time は不可算名詞なので，ウ little かエ much に絞られる。Hurry up. と書かれていることから「時間がない」ことがわかるので，ウが正解。

(6)「メアリーは有名ではない。彼女について知る人はほとんどいない」 最初の文から，「メアリーについて知っている人はほとんどいない」と考えるのが妥当。〈**few＋可算名詞の複数形**〉で「ほとんど～ない」。

(7)「先月たくさん雨が降った」 rain は不可算名詞なので，

イ a few やエ many とともに用いることはできない。much rain で「たくさんの雨」。

item 9 時制（1）

チェック 9 本冊 *p.33*

答 (1) エ (2) ウ (3) イ (4) エ (5) ア (6) ア (7) ア

解説

(1)「毎朝，私は約30分歩いて約200カロリー燃焼する」 every morning「毎朝」や burn「燃やす」を手がかりにする。現在の習慣的な行為は現在形で表す。

(2)「姉〔妹〕はオンラインで新しいコンピューターを購入した」 過去を表す語句はないが，イ buy だと 3 人称単数形の s が必要なので，buy の過去形のウ bought が正解。

(3)「私は 3 日前にその店で彼に会いました」 ～ago「～前」は過去時制で用いる。

(4)「メアリーと彼女の友だちは今日の午後テニスをするつもりだ」 空所の後ろに going to play とあるので，**be going to** ～「～する予定である」が考えられる。be 動詞は主語（Mary + her friends = 複数）に合わせる。

(5)「今日の午後は晴れるだろう」 助動詞 **will** の後ろでは，動詞は原形が置かれる。be 動詞の原形は be。

(6)「明日雨ならばピクニックは中止されるだろう」 条件（**if** など）を表す副詞節の中では，未来の内容でも現在形で表す。ここでは tomorrow とあるが，現在形のア rains を用いる。

(7)「私たちは彼がよくなるまで待つべきだ」 時を表す副詞節（**until**）中では，未来の内容でも現在形で表す。

item 10 時制（2）

チェック 10 本冊 *p.35*

答 (1) ア (2) ウ (3) ウ (4) エ (5) イ (6) ア

解説

(1)「静かにしてください。仕事をしています」〈**be** 動詞＋**-ing**〉で動作が進行していることを表している。「静かにしてくれ」と述べているそのときに，動作が進行しているので現在進行形を選ぶ。

(2)「すべての魚は，水槽にエサを入れている女の子の方に向かって泳いでいる」「～の方に向かっている」ので進行形にする。All the fish は複数なので be 動詞は are。

(3)「私が帰宅したとき，母は料理を作っていた」 I came home「私が帰宅した」ときに，cook「料理する」という動作が進行していたと考えると，過去進行形が入る。

(4)「電話が鳴ったとき，私はお風呂に入っていた」 (3) と同様，the telephone rang「電話が鳴った」ときに take a bath「入浴する」という動作が進行していたと考える。

(5)「彼は若いときにテニス部に所属していた」 belong to ～「～に属する」のように状態を表す動詞は，進行形にしない。

(6)「私はパリに住んでいる人を知っている」 know「知っている」のように状態を表す動詞は，進行形にしない。

item 11 現在完了形（1）

チェック 11 本冊 *p.37*

答 (1) イ (2) ア (3) イ (4) ウ

解説

(1)「あなたはこのホテルに滞在したことがありますか」〈**Have you (ever)** ＋過去分詞～**?**〉で「あなたは今までに～したことがありますか」と経験をたずねている。現在完了形を用いる。

(2)「私の姉〔妹〕はパリに行った。2，3 日で戻るだろう」 パリに行ってまだ戻ってきていないので，**have gone to** ～「～に行ってしまった（今はここにはいない）」を用いる。

(3)「物価は下がっているが，そのままとどまるだろうか」 後半の「そのままとどまるだろうか」という内容から，「～してしまった」という完了が適切。現在完了形を用いる。

(4)「私はアメリカにかつて 2 年滞在したけれども，グランドキャニオンには行ったことがない。たぶん来年行くだろう」 **have been to** ～で「～へ行ったことがある」の意味になる。イとエにある visit は「訪問する」の意味ではふつう他動詞で，後ろに to はこないのでここでは不適。

item 12 現在完了形 (2)

✓チェック 12 本冊 *p.39*

答 (1) ウ (2) ウ (3) ウ (4) ア (5) イ (6) ウ

解説

(1)「運動会ではじめて出会って以来，パットとパムはお互いにメールをやりとりしている」〈**have been＋-ing**〉で「ずっと～している」と動作の継続を表す。

(2)「彼は何時間も読書をしている」 期間を表す for hours があることから，動作の継続を表す現在完了進行形を用いる。

(3)「私は子供のとき 5 年間中国に住んでいたが，中国語は話せない」 when ～という過去の一時点を表す語句があるので，過去形 lived が正解。

(4)「数学を勉強して 2 時間がたっている」 since＋S＋V は「S が～して以来」の意味なので V は過去形。
「～して…経過している」と言う表現はいくつかある。例えば「私たちは結婚して 5 年がたつ」は，次のように表す。
① Five years have passed since we got married.
② We have been married for five years.
③ It is [has been] five years since we got married.

(5)「スーザンと私はお互いを子供の頃から知っている」 **know** は状態を表す動詞なので，現在完了形を用いる。

(6)「先月以来雨が降っている」 since last month があることから，現在完了形 has been を用いる。

item 13 過去完了形・未来完了形

✓チェック 13 本冊 *p.41*

答 (1) イ (2) エ (3) ウ (4) イ (5) ウ (6) ウ

解説

(1)「私が彼らを見たとき，彼らは 3 日間何も食べていなかった」 saw them「彼らを見た」時点ですでに 3 日間がたっているので，過去完了形〈**had＋過去分詞**〉を用いる。

(2)「私の兄〔弟〕はカギをどこかでなくしたことに気づいた」 found that＋S＋V は，「S が～することに気づいた」の意味だが，V の時制が found よりも前の内容なので，過去完了形を用いる。

(3)「彼がそこに到着したときには，会議はすでに始まっていた」 arrived there「そこに到着した」という過去の内容よりも，会議の開始が時間的に前の内容なので過去完了形を選ぶ。

(4)「グレースはすでに 2 回パリを訪れているので，昨年は代わりにローマに行った」 went to Rome「ローマに行った」よりも「パリに行った」のが前のことなので，過去完了形にする。

(5)「彼らは来月までにはすべての家具を売るだろう」 by next month「来月までに」とあるので，未来のある時期までの完了であることがわかる。

(6)「次の日曜日は私たちの結婚記念日だ。結婚して50年になる」 Next Sunday とあることから，未来のある時点における状態の継続であることがわかる。

item 14 助動詞 (1)

✓チェック 14 本冊 *p.43*

答 (1) ア (2) エ (3) エ (4) エ (5) エ

解説

(1) A「ドアを開けてもいいですか」B「いいですよ。ここは暑いです」 **May I ～?**「～してもいいですか」という許可を求める表現。

(2)「私たちの赤ちゃんは 2，3 週間で歩けるようになるだろう」 will be able to ～で「～することができるだろう」という意味になる。助動詞は (×) **will can** のように 2 つ並べることはできない。

(3)「私の叔母は転んで腰を骨折した。すぐに病院に連れて行かなければならないので，今晩のパーティーには行けません」 **have to** ～は「～しなければならない」という意味の義務を表す。must とほぼ同じ意味で使う。

(4)「あの鳥はワシであるはずはない。小さすぎる」 **can't** は否定的な推量「～であるはずがない」という意味を表す。

(5) A:「『1 日にリンゴ 1 つで医者知らず』という古いことわざを知ってる?」B:「はい。リンゴは健康的なフルーツで，毎日食べ続けると医者に行く必要はないという意味です」「～する必要はない」は **don't have to** ～で表す。

item 15 助動詞 (2)

チェック 15 本冊 p.45

答 (1) イ (2) イ (3) ア (4) ア (5) ウ (6) イ

解説

(1)「少年のとき，僕はよく川沿いを散歩した」 **would** (**often**) ～で「よく～したものだ」と過去の習慣を表す。used to ～も似た意味を持つが，エでは be が不要。

(2)「その審判はきわめて公平だ。不満を言うべきではありません」 **ought to** ～は「～すべきである」の意味で，should とほぼ同じ意味で用いる。否定のときには，ought not to ～と **not** の位置に注意する。

(3)「私が引っ越す前に，ここにはスーパーマーケットがあった」 **used to** ～「以前は～だった」は現在との違いを対比して過去の状態を述べるときに用いる。would にはこの用法はない。

(4)「話しすぎないほうがいい」 had better ～「～したほうがよい」の否定形 **had better not** ～「～しないほうがよい」を用いる。not は had better のあとに置かれる。

(5)「かばんをもちましょうか」 **Shall I ～?** で「私が～しましょうか」と相手に提案をする表現。Shall we ～?「(いっしょに) ～しませんか」とともに覚えておこう。

(6)「時間を教えていただけませんか」 **Would you ～?**「～してくれませんか」という依頼を表す表現。Will you ～? よりも丁寧な表現。

item 16 助動詞 (3)

チェック 16 本冊 p.47

答 (1) ウ (2) ウ (3) エ (4) ア

解説

(1)「マイクはまだ到着していません。電車に乗り遅れたにちがいない」 〈**must have**＋過去分詞〉で「～したにちがいない」という過去の推量を表す。

(2)「彼女はちょうど出発したところだ。だからそんなに遠くに行ったはずがない」 「～したはずがない」と過去の推量を表す表現は〈**can't have**＋過去分詞〉。

(3)「こんなに寒くなるとは思っていなかった。上着をもってくるべきだった」 〈**should have**＋過去分詞〉は「～するべきだったのに (しなかった)」の意味で，過去の行動を後悔するときに用いる。

(4)「すばらしい映画だった。君も見るべきだったのに」 〈**ought to have**＋過去分詞〉で「～するべきだったのに (しなかった)」。ought to を should にしてもほぼ同じ意味になる。

item 17 受動態 (1)

チェック 17 本冊 p.49

答 (1) ウ (2) ア (3) イ

解説

(1)「石油はペルシャ湾のたくさんの場所で発見される」 主語が Oil であることから，〈be 動詞＋過去分詞〉の受動態を用いる。found は find の過去分詞形。

(2)「英語はスペインで話されますか」 受動態の疑問文は，〈Be 動詞＋S＋過去分詞～?〉という語順になる。

(3)「このコンピューターは世界中で使われている」 主語が This computer であることから，「使われている」という意味の受動態の形にすることがわかる。

item 18 受動態 (2)

チェック 18 本冊 p.51

答 (1) エ (2) ウ (3) ウ (4) ウ

解説

(1)「日記は英語で書かれなければならない」 助動詞を含む受動態は，〈助動詞＋**be**＋過去分詞〉の語順になる。

(2)「この部屋には10台のコンピューターがあって，今すべて使われている」 進行形の受動態〈**be** 動詞＋**being**＋過去分詞〉になる。時制は be 動詞で表す。

(3)「この仕事は週末までに終えなければならない」 主語が This work であることから，〈助動詞 **has to**＋**be**＋過去分詞〉の語順が考えられる。

(4)「その建設は予算不足のために来春まで延期されるだろう」 主語が The construction「その建設」であることから，「延期されるだろう」という意味の受動態にする。

item 19 受動態 (3)

チェック 19 本冊 p.53

答 (1) ウ (2) ア (3) ア (4) イ (5) ウ (6) ウ

解説

(1)「ルーシーは音楽にとても興味がある。将来音楽の先生になりたいと思っている」 be interested in ～「～に興味がある」

(2)「丘は以前木でおおわれていた」 be covered with ～「～でおおわれている」。主語が単数形で過去のことなので，be 動詞は was になる。

(3)「私の母はこの町ですべての人に知られている」
be known to ～「～（主に人）に知られている」

(4)「あなたがそんなことを言えばみんなに笑われるでしょう」 laugh at ～「～を笑う」の受動態。**laughed at** を 1 つのカタマリとして考える。

(5)「昨日外国の人に日本語で話しかけられた」 speak to ～「～に話しかける」の受動態。

(6)「その赤ちゃんは彼女の姉〔妹〕に世話をされている」 take care of ～「～の世話をする」の受動態。by (…によって)を忘れないこと。

item 20 不定詞 (1)

チェック 20 本冊 p.55

答 (1) イ (2) ウ (3) ウ (4) ア

(5) **To (become a schoolteacher is my hope).**

解説

(1)「来月ニューヨークに行く予定です」 plan to ～「～することを計画する」という意味で to go 以下が planning の目的語になっている。

(2)「試験に合格するのは難しい」 不定詞が主語の場合 (to pass the exam) は，形式主語 **It** を文頭に置いて，不定詞を後ろに回すことがある。〈**It is...to** ～〉の形になる。

(3)「彼がその山に登るのは不可能だ」 to ～を誰がするのかを表すには，不定詞の前に for＋人を置く。この〈**for**＋人〉の部分を「意味上の主語」と呼ぶ。

(4)「こんなに美しい植物をもってきてくれて，本当にありがとう」 〈It is…to ～〉の形。不定詞の意味上の主語はふつう for を用いて表すが，形容詞が「人の性格」を表す場合は，この問題のように〈**of**＋人〉になることも合わせて理解しておこう。

(5) To become a schoolteacher「学校の先生になること」という不定詞を含む句が主語の文。

item 21 不定詞 (2)

チェック 21 本冊 p.57

答 (1) ウ (2) ア (3) イ (4) イ

(5) **I am looking for a house to live in.**

解説

(1)「何か読むものはいかがですか」 something to read で「読むためのもの」。to read が something を修飾している。不定詞の形容詞的用法。

(2)「私たちは医者になるという彼女の決断に驚いた」
to become ～が前の decision を修飾。不定詞の形容詞的用法。

(3)「彼は書くための紙をもっていなかった」 paper to write on「書く紙」の部分で，**paper** が **on** の目的語となっている。他の選択肢の前置詞は，paper との意味のつながりをもたない。

(4)「その少年には遊ぶ友達がいない」 friends to play with「遊び友達」の部分で，friends が with の目的語になっている。

(5) a house to live in「住むための家」の部分が解答のカギになる。修飾される a house が in の目的語となっている。

item 22 不定詞 (3)

チェック 22 本冊 p.59

答 (1) ア (2) ウ (3) イ

(4) **Be (careful not to push the wrong button).**

解説

(1)「おじは私を見送るために空港に来た」 目的を表す不定詞の副詞的用法。to の後ろでは動詞の原形を用いる。

(2)「私はギターを買うために懸命に働いた」 to buy は I worked hard「懸命に働いた」の目的を表す不定詞の副詞的用法。

(3)「彼は二度とお酒を飲んで車を運転しないことを約束した」 不定詞を否定する場合は，不定詞の直前に **not** か **never** を置く。

(4) not to push の部分が解答のカギ。ここでは，「間違ったボタンを押さないために」という副詞的用法の不定詞を用いる。

item 23 不定詞 (4)

✓チェック 23 本冊 *p.61*

答 (1) エ (2) イ

(3) **She was too (busy to watch TV) yesterday.**

(4) **He (is rich enough to buy a house around here).**

(5) **This problem is (too difficult for me to solve).**

解説

(1)「この部屋は暑すぎてあなたは働けない」〈**too**＋形容詞〔副詞〕＋**to** ～〉構文に意味上の主語 (for＋人) が含まれた形。「とても…なので (人) は～できない」という意味を表す。

(2)「ジョンは新しい車を買うほどお金がある」〈形容詞〔副詞〕＋**enough to** ～〉の構文で，「～するのに十分な…」という意味を表す。

(3) 〈too＋形容詞〔副詞〕＋to ～〉構文。

(4) 〈形容詞〔副詞〕＋enough to ～〉構文。

(5) 〈too＋形容詞〔副詞〕＋to ～〉構文に，意味上の主語〈for＋人〉が含まれた形。

item 24 不定詞 (5)

✓チェック 24 本冊 *p.63*

答 (1) ウ (2) ウ (3) ア (4) エ (5) イ (6) エ

解説

(1)「佐藤さんをあなたに紹介させてください」〈**allow**＋**O**＋**to** 不定詞〉は「**O** が～するのを許す」という意味。

(2)「医者は私に食べ過ぎないように助言した」〈**advise**＋**O**＋**to** 不定詞〉「**O** が～するように助言する」の構文の不定詞に否定形が含まれた形。「O が～する」というように，O が不定詞の意味上の主語になっている点を意識すること。

(3)「父に私の写真を撮ってもらいます」〈**have**＋**O**＋原形不定詞〉は「**O** に～させる (使役)」という意味と「**O** に～してもらう」の意味がある。ここは後者の意味。

(4)「彼女は少女が転ぶのを見た」〈**see**＋**O**＋原形不定詞〉は「**O** が～するのを見る」という意味で用いる。O と原形不定詞の間には「**S**＋**V**」の関係が成り立つ。

(5)「姉〔妹〕に私のプレゼンを手伝ってもらった」〈**get**＋**O**＋**to** 不定詞〉は「**O** に～させる (使役)」という意味で用いる。使役の意味をもつ get は後ろに to 不定詞がくる。

(6)「彼女は1時間以上待たされた」〈**make**＋**O**＋原形不定詞〉「**O** に～させる (使役)」の表現を受動態にすると，〈**O is made**＋**to** 不定詞〉「Oが～させられる」のように，原形不定詞は **to** 不定詞になる。

item 25 動名詞 (1)

✓チェック 25 本冊 *p.65*

答 (1) ア (2) エ (3) エ (4) エ (5) ア (6) イ (7) イ

解説

(1)「いたるところの老人にとって，1人で暮らせないことは深刻な問題だ」 Being ～ alone という動名詞が主語になっている。

(2)「テレビを見る前に宿題を終えなさい」 **finish** は動名詞を目的語にとる。finish -ing で「～することを終える」という意味。

(3)「トム，夕食前に手を洗いなさい」 前置詞 before のあとは動名詞がくる。

(4)「去年パーティーでその女性と話したことを覚えています」「～したことを覚えている」は **remember -ing**。〈remember to＋動詞の原形〉は「忘れずに～する」の意味になる。

(5)「デイブ，ここで私を待っていてもらえませんか」「いいですよ」 **Do you mind -ing ?** は，「～してもらえませんか」という許可を求める表現になる。了解するときは，No, not at all. や No, certainly not. などを用いる。

(6)「台風なので会議を催すのを延期することに決めた」 postpone は動名詞のみを後ろにとる動詞。postpone

-ingで「～することを延期する」という意味。

(7)「彼女は私の上司に，今朝私が遅刻したことを話した。私は人が陰口を言うことは好きではない」 like は動名詞も不定詞も目的語にとる動詞。like の後ろの people は動名詞の意味上の主語。

item 26 動名詞 (2)

チェック 26 本冊 *p.67*

答 (1) ウ (2) ウ (3) ウ (4) ア (5) エ

解説

(1)「彼女はその本を読むことを楽しみにしている」 **look forward to -ing** は「～するのを楽しみにする」という表現。この to は不定詞の to ではなく前置詞の to なので，後ろに置かれるのは動名詞。

(2)「明日何が起きるかを言うことはできない」 **There is no -ing.**「～することはできない」

(3)「彼女は私が昨夜遅くまで遊ぶことに反対しなかった」 **object to -ing** は「～することに反対する」という表現。この to は不定詞の to ではなく前置詞の **to** なので，後ろに置かれるのは動名詞。

(4)「飲みたい気分ですか」 **feel like -ing**「～したい気持ちになる」

(5)「そんな美しいバラは買わずにいられなかった」 **can't help -ing**「～せずにはいられない」

item 27 分詞 (1)

チェック 27 本冊 *p.69*

答 (1) ウ (2) イ (3) ウ (4) ウ (5) エ

解説

(1)「テニスをしている女の子たちはキャシーとキャシーの友達だ」 playing tennis が girls を説明している。「女の子たちがテニスをしている」という能動の関係になっているので，現在分詞の playing が正しい。

(2)「これは彼によって描かれた絵だ」 painted by him の部分が a picture を説明している。「絵は描かれる」という受動の関係になっているので，過去分詞の painted が正しい。

(3)「向こうで雑誌を読んでいる若い女性を知っていますか」「若い女性が雑誌を読んでいる」という能動の関係になっているので，現在分詞の reading が正しい。

(4)「生徒に与えられたテストはとても難しかった」「テストは与えられた」という意味で「～された」の関係なので過去分詞 given になる。given に to the students が続くので，〈名詞＋過去分詞（＋語句）〉の語順。

(5)「昨日病院に運ばれた少年は誰だったのですか」 過去分詞 **carried** に語句 (to the hospital) が伴っているので，〈名詞＋過去分詞（＋語句）〉の語順になる。

item 28 分詞 (2)

チェック 28 本冊 *p.71*

答 (1) ウ (2) イ (3) ウ (4) ア (5) エ

解説

(1)「フランス語でその歌が歌われるのを聞いたことがありますか」 〈**hear＋O＋**過去分詞〉で「**O** が～されるのを聞く」という意味になる。O と過去分詞は受動関係。

(2)「私はジョンがガールフレンドと道を歩いているところを見た」 〈**see＋O＋**現在分詞〉で「**O** が～しているのを見る」という意味になる。O と -ing は **S+V** の関係になっている。

(3)「運転手は私たちが待つ間，エンジンをかけ続けた」 〈**keep＋O＋**現在分詞〉「**O** が～しているのを保つ」というのが直訳。O と -ing は **S+V** の関係になっている。

(4)「彼はカメラを直してもらいたかった」 〈**have＋O＋**過去分詞〉は「**O** を～してもらう」や「**O** が～される」の意味がある。ここでは「**O** を～してもらう」の意味になる。

(5)「あまりにもうるさかったので，彼は自分の言うことを聞いてもらえなかった」 **make oneself heard** で「自分自身のことを人に聞いてもらえる状態にする」→「～の話を聞いてもらう」という意味の慣用表現。make oneself understood「～のことを理解してもらう」も合わせて覚えておこう。

item 29 分詞構文

チェック 29 本冊 *p.73*

答 (1) ア (2) ウ (3) エ (4) ウ (5) イ

解説

(1)「チャイムの音を聞いたとき，受験者は止める時間だと知った」「〜したとき」という「時」を表す分詞構文。現在分詞で始める。

(2)「何をすればいいかわからなかったので，私たちは救助隊が到着するのをただ待った」 分詞構文を否定する場合は，**not** か **never** を分詞構文の直前に置く。

(3)「写真で彼女を見ていたので，すぐに彼女だとわかった」 主節の動詞が表す「時」よりも分詞構文の表す時が前の場合は，完了形の分詞構文〈**Having＋過去分詞**〉にする。

(4)「ホテルは丘の上にあるので，すばらしい眺めが見渡せる」 situate は「置く」という意味の動詞なので，「the hotel は置かれる」という受動の意味になる。分詞が受動の意味を表すときは，〈**being＋過去分詞**〉の **being** を省略して過去分詞で始めるのがふつう。

(5)「彼には以前会ったことがないので，彼のことは知らない」〈完了形＋否定〉の分詞構文。never は分詞のあとにくることもあるので，ウは Having never なら可。

item 30 関係詞 (1)

チェック 30 本冊 p.75

答 (1) イ (2) ウ (3) ウ (4) エ (5) イ (6) ア

解説

(1)「私にはギターを上手に弾ける友人がいる」 先行詞が a friend (人) で，空所の後ろには can play と動詞が続くので主格の **who** が入る。

(2)「彼はタイトルがおもしろそうな映画を見に行った」 先行詞が the movie (もの) で，空所の後ろには title と名詞が続くので所有格の **whose** が入る。

(3)「友人は築150年の家に住んでいる」 先行詞が a house (もの) で，空所の後ろには is と動詞が続くので主格の **which** が入る。

(4)「向こうで走っている少年と犬を見て」 先行詞が「人と人以外」の場合には **that** を用いるのがふつう。

(5)「この本は母国語が日本語ではない学生向けだ」 先行詞が students (人) で，空所の後ろには名詞が続いているので，所有格の **whose** が入る。

(6)「起きたすべてのことは誰の責任でもなかった」 先行詞に **every** や **all** などの限定を表す語が含まれている場合，関係代名詞は **that** を用いるのがふつう。

item 31 関係詞 (2)

チェック 31 本冊 p.77

答 (1) イ (2) ア (3) エ (4) ア (5) エ

解説

(1)「このテストは解ける問題がたくさんあるのでうれしい」 先行詞は questions (もの) で，空所の後ろには S＋V が続いているので，目的格の関係代名詞 which が入る。

(2)「私が招待した女の子の何人かはまだ来ていない」「私が招待した女の子」は〈先行詞 (girls)＋who(m)＋S(I)＋V(invited)〉の語順だが，目的格の関係代名詞は省略することがあるので，〈先行詞 (girls)＋S(I)＋V (invited)〉になる。

(3)「先月あなたが買ったワインレッドの服を着たらどう?」「あなたが買った服」dress you bought の語順になる。dress の後ろに関係代名詞の目的格 which が省略されていると考えよう。

(4)「ここは私が生まれた町だ」 関係代名詞が前置詞の目的語になる場合がある。この場合の前置詞の位置は，〈先行詞＋(関係代名詞)＋**S＋V＋前置詞**〉か〈先行詞＋前置詞＋関係代名詞＋**S＋V**〉になる。〈先行詞＋前置詞＋関係代名詞＋S＋V〉の場合は，関係代名詞 that は用いられないので注意が必要。

(5)「妹がいつも一緒に遊んでいる人形は，妹の大のお気に入りだ」 my sister always plays with the doll が元の形。the doll は前置詞 with の目的語になっている。〈先行詞＋前置詞＋関係代名詞＋S＋V〉の語順になる。

item 32 関係詞 (3)

チェック 32 本冊 p.79

答 (1) ウ (2) ウ (3) A：イ B：ウ (4) ア (5) エ (6) ウ

解説

(1)「彼が昨日言及したことは重要なことのようだった」 空所の前に先行詞がないので，先行詞を含む関係代名詞が必要。What he mentioned yesterday「彼が昨日言及したこと」で意味が通じる。

(2)「マイクが私に愛していると言った瞬間をまだ覚えている。それは夢のようだった」 the moment「その瞬間」という「時」を表す語が先行詞になっているので，正解はウ **when**。

(3)「彼が言ったことに私が腹を立てた理由はたくさんある」 先行詞は (many) reasons「(多くの) 理由」なので，Aには関係副詞 **why** が，Bは空所の前に先行詞がないので先行詞を含む what が入る。

(4)「私は財布を見つけた場所を覚えている」 the place「その場所」が先行詞なので，「場所」を表す関係副詞ア **where** が入る。

(5)「マイケルは一生懸命に働いている。そういう理由で私は彼を尊敬する」〈**That's why ～.**〉は，「そういう理由で～」という表現。

(6)「あれは私たちが10年前に住んでいた家だ」 the house は前置詞 in の目的語なので，関係代名詞 which が正解。先行詞が場所を表す the house であるが，関係副詞 where は誤り。

item 33 関係詞 (4)

チェック 33 本冊 p.81

答 (1) イ (2) イ (3) ウ (4) ウ (5) イ (6) ウ

解説

(1)「私の大好きな本は図書館から借りたのだが，100年前の日本の生活についての本だ」 関係代名詞の非制限用法。(　) ～ library までが My favorite book の内容を補足的に説明しているので，イ which が正解。that には非制限用法はない。

(2)「京都を訪れたほうがいい，そこにはたくさんの寺と神社がある」 Kyoto が先行詞で，空所の後ろには動詞 has が置かれていることから，主格の関係代名詞が入ることがわかる。

(3)「私たちは彼を人づき合いの苦手な人とみなしがちだが，それは事実とは違う」 非制限用法の which は，前の文や文の一部を先行詞とすることがある。「彼が人づき合いが苦手なこと」という内容が先行詞になっている。

(4)「私の兄〔弟〕は昨日ここであなたが会ったが，あなたに会いたがっている」 (　) ～ yesterday までが My brother の内容を補足的に説明しているので，ウ who が正解。

(5)「あなたが何をほしかったとしても，それを喜んであげよう」〈**whatever+S+V**〉で「たとえ何を～しても」。

(6)「たとえどんなに小さくても，私は自分の部屋がほしい」〈**however+形容詞〔副詞〕+S+V**〉で，「たとえどんなに～でも」。

item 34 比較 (1)

チェック 34 本冊 p.83

答 (1) ウ (2) ア (3) ア (4) ア

(5) **I (don't have as much money as you) do.**

解説

(1)「私はあなたほど多く本をもっていません」〈**A...not as[so]+形容詞の原級+as B**〉で「**A は B ほど～では**ない」。as ～ as の間に〈形容詞＋名詞〉がくる場合がある。

(2)「彼女は女優というよりは歌手だ」 **not so much A as B** で「**A というよりむしろ B**」。

(3)「このかばんは私のより 3 倍高価だ」「一倍」を表す場合は，〈__ **times as ～ as B**〉と as ～ as の前に__ times を置く。ただし，「2倍」は twice で表す。

(4)「サーシャは兄〔弟〕の 2 倍寿司を食べた」〈**A...twice as ～ as B**〉で「**A は B の 2 倍～**」。

(5)「A は B ほど～ではない」は〈**A...not as[so]+形容詞の原級+as B**〉で表す。as ～ as の間に〈形容詞＋名詞〉が入る。

item 35 比較 (2)

チェック 35 本冊 p.85

答 (1) ウ (2) ア (3) イ (4) エ (5) エ

解説

(1)「私の父は彼の父より若い」〈**A...+形容詞〔副詞〕の比較級+than B**〉「**A は B より～**」

(2)「このシャツはあのシャツより安い」〈A...＋形容詞〔副詞〕の比較級＋than B〉「A は B より～」。cheap は「値段が安い」という意味の形容詞。

(3)「ネコと犬ではどちらの方が好きですか」 Which do you like better, A or B? は「A と B ではどちらの方が好きですか」という意味で，相手の好みをたずねるときに用いる表現。

(4)「私の新しいアパートは古いアパートよりはるかに部屋が多い」 比較級の前に **far** を置くことで比較級を強調する。more は，many「たくさんの」の比較級。

(5)「今日は昨日よりずっと気分がいい」 比較級を強調するのは much。ウ very は比較級とともに使わない。

item 36 比較 (3)

チェック 36 本冊 *p.87*

答 (1) ア (2) イ (3) エ (4) エ (5) ア (6) ウ

解説

(1)「彼はよく話したが，それでいっそう彼らは彼が好きになった」 **〈all the＋比較級＋for…〉** で「…なので（それだけ）いっそう～」。

(2)「ジョンソン教授の話が長くなればなるほど，クラスの学生たちは退屈した」 **〈the＋比較級～，the＋比較級…〉** で「～すればするほど，（ますます）…」。「人が退屈した」は bored を用いる。

(3)「あなたは雨の中，自転車に乗るようなことはすべきではない」 **〈know better than to ～〉** で「～するほどばかではない」の意味。

(4)「私たちが合意した見積もりは，その 2 つのうち金額が低い方だった」 **〈the＋比較級＋of the two〉** は「2 つのうちで～な方」の意味。

(5)「冬よりも夏のほうが風邪をひきにくい」 否定の比較級 less があるのでア than を選ぶ。

(6)「この 2 つの時計を見て。2 つのうちのどちらの方が安いの？」 **〈the＋比較級＋of the two〉**「2 つのうちで～な方」

item 37 比較 (4)

チェック 37 本冊 *p.89*

答 (1) イ (2) イ (3) イ (4) ウ

解説

(1)「私はすべての果物の中でリンゴが一番好きだ」 of all fruits「すべての果物の中で」から最上級の文だとわかる。**〈A…(the)＋形容詞〔副詞〕の最上級＋of B〉** で「A は B の中で最も～」の意味。

(2)「娘は 5 人の少女の中で一番背が高い」 比較の範囲を表す of と in の使い分けに注意する。**of** のあとは複数名詞が続く。

(3)「あの建物は私たちの街で一番高い」 比較の範囲を表す **in** のあとは名詞の単数形が続く。

(4)「ボブはクラスで一番よい点数だった」 best は good の最上級。**good-better-best** と変化する。

item 38 比較 (5)

チェック 38 本冊 *p.91*

答 (1) ア (2) エ (3) イ (4) イ (5) ウ

解説

(1)「あなたはクラスの他のどの学生よりもまじめだ」 **〈比較級＋than any other＋単数名詞〉** で「他のどの…よりも～」と最上級の内容を表す。

(2)「アナはクラスの他のどの少女よりも流ちょうに日本語を話す」 ア fluent は形容詞なので，文中で名詞を修飾するか補語になる場合にしか使えない。「流ちょうに」と動詞を修飾する場合は副詞の fluently を用いる。

(3)「ダイヤモンドは他のどの石よりも硬い」 hard はここでは形容詞で「堅い」という意味。

(4)「日本のどの山も富士山ほど高くない」 **〈No other＋単数名詞＋as[so]＋原級＋as…〉** で「…ほど～なものはない」の意味。比較級を用いて最上級の内容を表している。

(5)「私は200円しか持っていない」 **no more than ～** は，数や量が多くないことを表し，「たった～しか（＝**only**）」という意味になる。

item 39 仮定法 (1)

チェック 39 本冊 *p.93*

答 (1) イ (2) ウ (3) ウ (4) ウ (5) ウ

解説

(1)「もし私が泳ぎ方を知っていれば，もっとよくビーチに行くだろう」 実際は「泳ぎ方を知らないので，あまりビーチに行かない」。現在の事実に反することを仮定している。**〈If＋S＋動詞の過去形～，S＋would＋動詞の原形…〉**「もし（今）S が～すれば，S は…するのだが」

(2)「もし私があなたなら，静かにしているだろう」 仮定法過去の文だが，If 節が後ろに置かれている点に注意。

(3)「あなたは来週末よりもむしろ今週末に行くほうがいいだろう」 前半に would be とあることから，If 節の動詞は，go の過去形の went が適切だとわかる。

(4)「もしケンがここにいれば，この件についてよい助言を私たちにくれるだろう」〈If＋S＋動詞の過去形 [were] ～，S＋would＋動詞の原形…〉。If 節中に be 動詞を用いるときは，was の代わりに were が用いられるのがふつう。

(5)「もし彼が日本にいれば，そのようにふるまわないだろう」 If 節が後ろにきた形。wouldn't act とあるので，If 節内の動詞は過去形にすることがわかる。

item 40 仮定法 (2)

チェック 40 本冊 ***p.95***

答 (1) ウ (2) ウ (3) エ (4) ア (5) エ (6) エ

解説

(1)「もっとあなたが一生懸命勉強していたら，試験に合格していたかもしれない」 実際は「あなたは一生懸命勉強しなかったので，試験に合格しなかった」過去の事実に反することを仮定している。**〈If＋S＋had＋過去分詞～，S＋might have＋過去分詞…〉**「もし（過去において）**S** が～していたら，**S** は…していたかもしれない」。would のかわりに might が用いられることもある。

(2)「もし彼女がこのニュースを聞いていたら，喜んだだろう」 If 節に〈had＋過去分詞〉があることから，仮定法過去完了だと推測できる。空所には〈would have＋過去分詞〉を入れる。

(3)「もし彼の病気について知っていたら，私は病院にお見舞いに行っていただろう」 主節が would have visited とあるので，If 節は〈had＋過去分詞〉が入る。

(4)「もしあなたが受け止めていなければ，この花びんは割れていただろう」 If 節の動詞が hadn't caught となっているので，空所には，〈would have＋過去分詞〉を入れる。If 節が後ろにきている。

(5)「もしあなたが助けを必要としていると彼に言っていたら，彼はあなたの宿題を手伝っていただろう」 仮定法過去完了。ask は（×）ask＋O＋that のように，目的語の後ろに that をとらないのでア，イは誤り。

(6)「なぜそのときに私のために何もしなかったの？あなたに十分な優しさがあったら，私を手伝ってくれていたでしょう」 仮定法過去完了。would のかわりに could が用いられることもある。

item 41 仮定法 (3)

チェック 41 本冊 ***p.97***

答 (1) ウ (2) イ (3) イ (4) イ (5) エ

解説

(1)「もし万一カレンが私に会いに来たら，ここで待つよう彼女に言ってください」**〈If＋S＋should＋動詞の原形〉**は未来の実現の可能性が少ないことを仮定する表現。この文のように，主節が命令文になることもある。

(2)「彼はまるで病気であるかのように顔が青ざめている」**〈as if＋S＋動詞の過去形〉**で「（今）まるで～であるかのように」の意味になる。

(3)「あなたの手伝いがなければ，私は宿題を終えることができないだろう」 **Without** ～「～がなければ〔～がなかったら〕」は仮定法とともに用いることができる。

(4)「父の助けがなかったなら，私は 4 年間でハーバード大学を卒業できなかっただろう」 **But for** ～「～がなければ〔～がなかったら〕」。**But for ～＝Without ～**

(5)「この薬がなければ，彼女は死んでいただろう」 would have died「死んでいただろう」から「この薬がなかったら」と考える。

item 42 仮定法 (4)

チェック 42 本冊 ***p.99***

答 (1) イ (2) ア (3) エ (4) ア

解説

(1)「家でもっと多くの時間を過ごせればいいのに」**〈I wish＋S＋動詞の過去形〉**は「（今）～であればいいのに」と現在の願望を表す。

(2)「あなたと同じくらい速く泳げたらいいのに」 **If only ～!** は，〈I wish＋仮定法〉とほぼ同じ意味で用いることができる。

(3)「サトル，もう寝る時間だ」〈**It is time**＋**S**＋動詞の過去形〉で「S は～する時間だ」の意味になる。

(4)「そろそろ家族を養うために仕事を得る頃だ」「そろそろ／とっくに」という意味を表す about や high が入ることもある。

item 43 接続詞 (1)

チェック 43 本冊 *p.101*

答 (1) ウ　(2) イ　(3) ア　(4) イ　(5) ア

解説

(1)「私から離れていて。私はとてもひどい風邪をひいているから」 **for** ～「なぜなら～」という理由を表す接続詞。

(2)「ビニール袋も紙袋もどちらも環境のためにはよくない」 **neither A nor B** で「**A** も **B** もどちらも～ない」の意味になる。either A or B「A か B かどちらか」も合わせて覚えておこう。

(3)「彼はとても知的な人だと思うが，多くの人は私の意見に賛成しない」 空所の前後の関係は，逆接の関係であることがわかる。接続詞の **but** が正解。

(4)「速く走りなさい，さもなければ遅れるよ」〈命令文**, or...**〉で「～しなさい。さもなければ…」の意味。「～しなさい，そうすれば…」ならば，〈命令文，**and...**〉になる。

(5)「彼らはもっと練習するべきだ。さもなければ決勝戦で敗退するだろう」 前の文を受けて，「そうでなければ」という意味を表す **or**。

item 44 接続詞 (2)

チェック 44 本冊 *p.103*

答 (1) イ　(2) ウ　(3) イ　(4) イ　(5) エ

解説

(1)「高校生のときに，私は図書館によく行ったものだ」 **when** ～「～するとき」の意味で時を表す。

(2)「私は醤油ラーメンが好きだ。一方，彼女は味噌ラーメンが好きだ」 **while** ～は「一方～」という意味で対比を表す。

(3)「『道を渡る前には，いつも右を見て，左を見て，もう一度右を見なさい』と幼稚園の先生は小さな子供たちに念を押した」 信号で左右確認をするのは道路を渡る「前」なので **before** が入る。

(4)「彼は事実を知っていたけれども，私にはそれを話さなかった」 **though** ～「～だけれども」は譲歩を表し，although とほぼ同じ意味をもつ。

(5)「あなたが病院に連れて行ってほしいと私に頼まない限り，私はそうしないだろう」 **unless** ～「～しない限り」

item 45 接続詞 (3)

チェック 45 本冊 *p.105*

答 (1) エ　(2) ウ　(3) ア　(4) エ　(5) A：**so** B：**are**
(6) **(It is clear to me that they are) wrong.**

解説

(1)「彼が私の誕生パーティーに来るかどうかは確かではなかった」 **if** ～は「～かどうか」の意味を表す。I'm not sure if[whether] ～で「～かどうかは確かではない」。

(2)「母は私に昼食を外で食べるか家で食べるかたずねた」 **whether** ～は「～するかどうか」の意味を表し，ここでは ask の 2 つ目の目的語になっている。

(3)「このピアノはとても重いので動かすのに 5 人必要だ」〈**so**＋形容詞＋**that**＋**S**＋**V**〉で「とても～なので **S** は…する」の意味。

(4)「とても天気のいい日だったのでみんな散歩したい気分だった」「とても～なので S は…する」は〈so [such] ～ that＋S＋V〉だが，「～」の部分が〈**a [an]**＋形容詞＋名詞〉なので **such** が正解。

(5) 〈so ～ that＋S＋V〉の構文を用いることができるかが解答のカギ。空所に入る語句は，story is <u>so</u> / that / students <u>are</u> listening の順。

(6) 〈**that**＋**S**＋**V**〉「S が～すること」は，文中で主語・目的語・補語の働きをする。ここでは It is ～ that＋S＋V. で It が that＋S＋V の形式主語になっている。

item 46 前置詞

チェック 46 本冊 *p.107*

答 (1) イ　(2) イ　(3) イ　(4) ウ　(5) エ　(6) イ

解説

(1)「息子は 6 か月間入院していた」 期間を表す前置詞は

for を用いる。

(2)「金曜日の夜に激しい地震があった」 曜日や日付の前では，前置詞は **on** を用いる。

(3)「彼女は昨日自転車で郵便局に行った」〈**by**＋乗り物〉で，「乗り物を用いて」という意味になる。この場合，乗り物に冠詞や所有格はつかない。

(4)「今月末までにレポートを提出しなければならない」 **by** ～は「～までに」という期限を表す。

(5)「私たちは来週の金曜日までここに滞在しなければならない」 **until** ～は「～まで（ずっと）」という継続を表す。

(6)「大統領は今朝アメリカに旅立った」 leave for ～「～に向けて出発する」。**for** は「方向」を表す。

item 47 付加疑問

チェック 47 本冊 p.109

答 (1) エ (2) ウ (3) ウ (4) イ

解説

(1)「彼女はあなたのお母さんだね」 動詞が is なので，付加疑問は，isn't を用いる。

(2)「彼女は 3 年間ずっと英語を勉強しているね」 She's は She has の短縮形。付加疑問は hasn't になる。

(3)「ここはとても暑い。窓を開けてくれませんか」 命令文の付加疑問は，**will you?**。

(4)「この写真を見せてください」 命令文の付加疑問は，will you?。Let's ～.「～しましょう」の付加疑問は，shall we? であることを合わせて確認しておこう。

item 48 否定

チェック 48 本冊 p.111

答 (1) エ (2) イ

(3) **Not all of the members attended the meeting.**

(4) **You should keep (in mind that you cannot be too careful in) the world.**

解説

(1)「ジェーンは財布に全くお金がないことに気がついたので，ATM に行った」 went to an ATM から「お金がなかった」ことがわかる。no money で「お金が全くない」の意味になる。

(2)「昨夜はじめてそのニュースを聞いた」 **not ～ until...**「…してはじめて～する」を強調した形は〈**It is not until ～ that+S+V.**〉。

(3) **not all** ～で「すべてが～というわけではない」という文の一部を否定する。

(4) **cannot ～ too...**「いくら…しても～しすぎることはない」。cannot be too careful で「注意してもしすぎることはない」という意味になる。ここでの too は「…すぎる」という意味。

item 49 間接疑問

チェック 49 本冊 p.113

答 (1) エ (2) イ (3) イ (4) ア (5) ウ

解説

(1)「彼女は何歳か知っていますか」 How old is she? という疑問文が文中に入った形。〈疑問詞＋**S**＋**V**〉の語順になる。

(2)「福島県にはいくつ村があるか知っていますか」 How many villages are there in Fukushima Prefecture? という疑問文が文中に入った形。

(3)「昨晩彼はどこに行ったと思いますか」 last night とあるので過去の文アかイに絞られる。yes や no で答えられない間接疑問は，〈疑問詞＋**do you think**＋**S**＋**V** ～**?**〉の語順になるので，イが正解。

(4) 母:「ねえ，この箱に何が入っていると思う？サンタクロースがあなたにくれたの」少年:「わあ～い！今開けていい？」「何が～だと思う？」という疑問文は，do you think と What is ～？が合体した形と考える。yes / no では答えられないので，do you think の前に疑問詞がきている。

(5)「彼女は机の上にあるのが誰の書類か知らなかった」「誰の書類」は〈whose＋名詞〉で表す。

item 50 強調・挿入・倒置など

チェック 50 本冊 p.115

答 (1) ア (2) イ (3) ウ (4) イ

解説

(1)「あのレストランにはめったに行かない」 **seldom, if ever** は「(もしあったとしても) めったに～ない」の形で，挿入語句としてよく使われる表現。

(2)「支配人が，我々の見本市の成功において大きな役割を果たしたのは親切なおもてなしだと言う」〈**It is ～ that...**〉は，「～」の部分を強調したいときに使う表現。ここでは主語の hospitality を強調している。

(3)「私はその映画を見ていない」「私も見ていない」 否定の内容に同意する場合は，〈**Neither**＋(助) 動詞＋**S**〉で表す。

(4)「私はアイスティーが好きではない。そして彼もそうだ」 語順に注意。否定の内容を受けているので，〈Neither＋(助) 動詞＋S〉になる。

実戦テスト 本冊 *p.116*

1

答 (1) **be** (2) **in which** (3) **written in**
(4) **aren't you** (5) **last person[man]**

解説

(1) 助動詞を含む受動態は，〈助動詞＋be＋過去分詞〉の語順。

(2) The movie は be interested in の in の目的語なので，空所には〈前置詞 in＋関係代名詞 which〉が入る。

(3)「～で書かれた」なので過去分詞が入る。「スペイン語で」は前置詞 in を用いる。

(4) 肯定文の付加疑問は，否定の疑問形が後ろにつく。

(5)〈the last...to ～〉で，「～する最後の…→最も～しそうにない…」の意味になる。

2

答 (1) **not seen** (2) **the, ever**
(3) **which[that] was** (4) **is it called**
(5) **the tallest** (6) **But**

解説

(1)「私が彼に最後に会ってから長い年月がたっている」
「私は長い間彼に会っていない」

(2)「私はこんなに美しい城を見たことがない」
「これは私が今までに見た中で一番美しい城だ」
〈the＋最上級＋名詞＋that I have ever＋過去分詞〉は「私が～した中で最も…な名詞」という意味。

(3)「小船は川に浮いている氷によって壊された」 過去分詞が名詞を修飾している文を関係代名詞で言いかえている。

(4)「それを日本語で何と呼びますか」
「それは日本語で何と呼ばれますか」 下の文は受動態の文。

(5)「彼はクラスの中で他のどの少年よりも背が高い」
「彼はクラスで一番背が高い少年だ」
〈比較級＋**than any other**＋単数名詞〉で最上級の意味を表す。

(6)「もし太陽がなければ，すべての生き物は死んでしまうだろう」 **If it were not for** ～「～がなければ」＝**But for** ～。Without ～も同じ意味として使える。

3

答 (1) A イ B ウ (2) A エ B ア (3) A ア B オ
(4) A カ B ウ (5) A ア B ウ (6) A ウ B カ
(7) A エ B カ

解説

空所に入る語句は以下の通り。

(1) Who do you think won
間接疑問。yes / no で答えられないので，疑問詞は文頭にくる。

(2) don't have as much money as you
〈A...not as [so]＋形容詞〔副詞〕＋as B〉。形容詞に名詞がついた形。

(3) must wear a seat belt while driving
助動詞には動詞の原形が続く。

(4) John has been looked after by
現在完了形の受動態〈have [has] been＋過去分詞〉。

(5) There used / be / post office on / corner
過去の状態を表す used to。

(6) It was from London that John sent this letter
強調構文。〈It is ～ that...〉の「～」に強調する語句を置く。

(7) study hard in order to enter
「～するために」in order to ～

4

答 (1) **The movie (I watched with my friend was wonderful).**

(2) **(It is not certain whether) she is in the hospital.**

(3) **I asked (her not to tell him the story).**

(4) **In Toyama (it has been snowing since last**

week).

(5) **The population of Tokyo is (much larger than that of) Osaka.**

(6) **You (had better not go out) today.**

(7) **Fred (had already finished dinner when) his father came home.**

(8) **(If I had time, I would visit the art museum).**

解説

(1) The movie を I watched ～ friend の部分で修飾している。I の前には関係代名詞 which [that] が省略されている。

(2) 〈whether＋S＋V〉は「S が～するかどうか」。ここでは whether ～ the hospital が文の主語の働きをしているが，そのままでは長くなってしまうので，It を形式主語にしている。

(3) ask…to ～で「…に～することを頼む」。「～しないように頼む」と不定詞を否定する場合は，不定詞の直前に not を置く。

(4) 現在完了進行形の文。〈have [has] been＋-ing〉の語順。

(5) 比較級では，比較する対象をそろえる必要があるので，than のあとは **that** (＝the population) of Osaka とする。比較級を強調する **much** は比較級の前に置く。

(6) had better の否定形は had better not。

(7) 過去完了形の文。〈had＋過去分詞〉にする。

(8) 仮定法過去の文。〈If＋S＋動詞の過去形～，S＋would＋動詞の原形…〉

5

答 (1) イ　(2) イ　(3) イ　(4) ア　(5) ウ

解説

(1)「私の姉〔妹〕は忙しいのでそこに行くことができない」 there は副詞なので，(×) go to there のように動詞のあとに前置詞は不要。go there「そこへ行く」や come here「ここに来る」は覚えておこう。

(2)「メアリーは毎日，母を手伝わなければならない」 has to は助動詞の役割をしているので，後ろに置かれる動詞は原形にする。

(3)「インターナショナルハウスで土曜日に開かれるパーティーに来ていただけますか」 mind の後ろには不定詞を置くことはできない。**Do you mind -ing ?** で「～してもらえませんか」という依頼を表す表現になる。

(4)「電車で旅をすることは，飛行機での旅よりも快適だ」 移動手段を表すときには，〈**by**＋乗り物〉で表す。この乗り物には，冠詞や所有格はつけないので，by train が正しい。by air＝by plane「飛行機で」という意味。

(5)「私の姉〔妹〕が大学生だったとき，彼女は ESS に所属していた」 **belong** は状態を表す動詞なので，進行形にはしない。

第3章 イディオム編

item 1 動詞＋前置詞など

チェック 1 本冊 *p.121*

答 (1) ウ　(2) ア　(3) エ　(4) ア　(5) エ　(6) ア

解説

(1)「彼は友人を訪ねていっしょにお昼を食べた」 **call on** ～で「人を訪ねる」。場所を訪ねる場合は call at ～。

(2)「私は子供の頃，午後 8 時前にお風呂に入ってパジャマに着替えなければならなかった」 **put on** ～で「～を着る」。エの wear は「～を着ている」の意味。

(3)「ガレージから遠いところにいるときに，車が壊れた」 **break down** で「壊れる」。

(4)「情報技術の急速な変化について行くのは簡単ではない」 **keep up with** ～で「～に遅れずについて行く」。

(5)「彼女は何か月も学校を欠席したので，クラスの他の子供たちに追いつくのは無理かもしれない」 **catch up with** ～で「～に追いつく」。

(6)「私の兄〔弟〕といとこはお互いに実際はうまくいっていない」 **get along with** ～で「～とうまくやる」。

item 2 be 動詞＋形容詞＋前置詞など

チェック 2 本冊 *p.123*

答 (1) ア　(2) ウ　(3) ア　(4) イ　(5) ウ　(6) ウ　(7) エ　(8) エ

解説

(1)「外国を旅行中は常に周囲を意識するべきである」 **be aware of** ～で「～を意識する」。

(2)「申し訳ないけれど，今あなたの手伝いをすることはできない」 **be unable to** ～で「～することはできない」。impossible も「～できない」の意味をもつが，ものや事柄を主語にするので，ここでは不適。

(3)「裕福な国々は，貧富の格差がより広まっているという事実に無関心でいるべきではない」 **be indifferent to** ～で「～に無関心である」。

(4)「彼の医者としての名声は私たちによく知られている」 **be familiar to** ～で「～によく知られている」。

(5)「たくさんの練習のあと，彼は話し言葉の英語が理解できるようになった」 **be able to** ～で「～することができる」。

(6)「彼女は昨日巻き込まれた自動車事故に責任はなかった」 **be responsible to** ～で「～に責任がある」。

(7)「私の祖父は今86歳だ。90歳まで長生きしそうだ」 **be likely to** ～で「～しそうである」。

(8)「この政治家は好きですか。私は彼の言うことを信用していません。嫌いです」 **be fond of** ～で「～が好きだ」。

item 3 前置詞を含むイディオム

チェック 3 本冊 *p.125*

答 (1) ア (2) ア (3) エ (4) ウ (5) ア

解説

(1)「彼は私の助言にも関わらず，彼の顧客の要望を受け入れることを決めた」 **in spite of** ～で「～にも関わらず」。

(2)「今朝，私は朝食にパンの代わりにご飯を食べた」 **instead of** ～で「～の代わりに」。

(3)「友人は美術を勉強する目的でイタリアに行った」 **for the purpose of** ～で「～の目的で」。

(4)「私たちが乗った飛行機は技術的な問題のため遅れている」 **because of** ～で「～のため」。

(5)「事前に席の予約はできますか」 **in advance** で「前もって」。

実戦テスト 本冊 *p.126*

❶

答 (1) ア (2) イ (3) ア (4) ウ (5) ウ

解説

(1)「その事故は彼の不注意によって引き起こされた」 **bring about** ～「～を引き起こす」＝cause。come about「起こる」も合わせて覚えておこう。

(2)「彼女はそのソフトウエアをインストールする方法を理解しようとするのに1時間費やした」 **figure out** ～「～を理解する」＝understand。類似表現に make out ～「(否定・疑問文で) ～を理解する」や find out ～「～から情報を得る」などがある。

(3)「YOLO の文字は何を表していますか」 **stand for** ～「～を表す」＝represent。YOLO＝You Only Live Once

(4)「アンガスは彼の父親と似ていると思いますか」 **take after** ～「～に似ている」＝resemble。look after ～「～の世話をする」と区別して覚えよう。

(5)「我々は今すぐにこの事件を調べるべきだ」 **look into** ～「～を調べる」＝investigate。

❷

答 (1) ア (2) エ (3) ウ (4) イ

解説

(1)「時々，私は母親とナイターの試合を見に行く」 **every now and then**「時々」＝occasionally。sometimes も同義語として覚えておこう。

(2)「彼女は永遠にここに滞在するようだ」 **for good**「永遠に」＝permanently。for ever も同義語として覚えておこう。

(3)「前もってあなたの出発時刻を知らせてください」 **in advance**「前もって」＝beforehand。

(4)「最終的に，ジョージはクラスのトップで卒業した」 **in the long run**「結果的に，ついに」＝ultimately。at last や finally も同じ意味である。

❸

答 (1) エ (2) イ

解説

(1)「私たちは，会議を来週まで延期することを決めた」 **put off** ～「～を延期する」＝postpone。イ call off は「中止する」という意味で，cancel と同義語。

(2)「この問題はそれほど難しくないが，一般的に簡単なテストではない」 **on the whole**「一般的な」＝in general。似た意味の generally speaking「一般的に言って」や，as a whole「概して」という表現も覚えておこう。

第4章 会話編

item 1 疑問詞を用いる疑問文

チェック 1 本冊 p.129

答 (1) ウ (2) イ (3) ウ (4) ウ

解説

(1) A:「お仕事は何をしているの」B:「デパートで働いています」 What do you do? は仕事をたずねる疑問文。

(2) A:「レポートの提出はいつまでですか」B:「明日の午後2時です」 be due「提出期限がくる」

(3) A:「私があなたに最後に会ってからどのくらいたっていますか」B:「かなりの年月がたっています」 How long ～?「どれくらいの間～」をたずねる疑問文になる。現在完了の「継続」でよく用いられる。quite a few で「かなりたくさんの」の意味になる。

(4) A:「空港に行く一番いい方法は何ですか」B:「お金を節約したいならばバスで行くべきです」A:「どのくらい(時間が)かかりますか」B:「交通量次第ですね」
How long does it take? は「どれくらいかかりますか」と時間をたずねる表現。イ How far ～? は距離をたずねるときに用いる。

item 2 依頼や提案の表現

チェック 2 本冊 p.131

答 (1) ア (2) ウ (3) ア (4) イ

解説

(1) A:「駅に行く道を教えてくれませんか」B:「いいですよ」
Will you ～? は「～してくれませんか」と相手に頼むときの表現。依頼を受けるときは All right. / Certainly.「いいですよ」などと答える。

(2) A:「手伝っていただけませんか」B:「いいですよ」
Would you ～? は Will you ～? よりも丁寧な表現になる。

(3) A:「もう少しお茶はいかがですか」B:「いいえ，けっこうです。十分にいただきました」
Would you like ～? は「～はいかがですか」とものを勧める場合にも使われる。

(4) A:「夕食は外食しませんか」B:「今夜はむしろ家にいたいです」A:「ピザを取るのはどうですか」
Shall we ～? は「～しませんか」の意味で，**Let's ～.** と同じ意味で使われる。

item 3 許可を求める表現

チェック 3 本冊 p.133

答 (1) ア (2) ア (3) ア

解説

(1) A:「ここに座ってもいいですか」B:「いいですよ。どうぞ」
Do you mind if I ～? は「(私が) ～してもいいですか」と許可を求める表現。mind は「気にする」の意味なので，許可する場合は，No, go ahead. や No, not at all. と答える。

(2) A:「ドアを開けてもいいですか」B:「いいですよ。ここは暑いです」
May I ～?「～してもいいですか」は許可を求める表現。

(3) A:「これらの本を借りてもいいですか」B:「残念ですが，それらを使う予定なんです」
ア I'm afraid not. = I'm afraid you can't.

item 4 否定疑問文

チェック 4 本冊 p.135

答 (1) ア (2) ウ (3) ウ

解説

(1) A:「明日の面接を前に緊張していないのですか」B:「いいえ。不安な気持ちです」
「緊張していないのか」の問いに対して，アは「緊張している」ので Yes と答えている。答えの内容が肯定ならば **Yes** とする。

(2) A:「彼は優秀な学生ではないのですね」B:「いいえ，優秀ですよ。いつもすべての科目で A をとっています」
空所の後に He always gets an A ～とあるので優秀な学生で，質問に対して肯定する必要がある。答えの内容が肯定ならば **Yes** とする。日本語では「優秀ではないのですね」「いいえ～」となるので，Yes / No の使い方に注意する。

(3) A:「昨夜のパーティーはすばらしかった。なぜ来なかったの?」B:「昨日は熱っぽかったの」A:「もう大丈夫?」

このWhy didn't you～?は「なぜ～しなかったの？」の意味。

item 5 シチュエーションごとの会話問題 (1)

チェック 5 本冊 p.137

答 (1) イ (2) ウ (3) イ

解説

(1) A:「もしもし。ビルです。ベティをお願いします」
B:「私です。こんにちは，ビル」
電話で受けるときは，**This is he[she].** や **Betty (名前) speaking.** のように言う。名前を省略して **Speaking.** とも言う。

(2) A:「もしもし。こちらはタイラー宅でございます」
B:「もしもし，ジェーンさんをお願いします」A:「彼女は今ここにおりません。何か伝言がありますか」B:「いいえ，けっこうです。またあとでかけます」 **take a message**「伝言を受け取る」

(3) A:「おはようございます。こちらはエラ・ピーターズと申します。チャン・リーさんですか」B:「はい，そうです。申し訳ないけれど，通話状態が悪くて，あなたのお名前を聞き取れませんでした」A:「エラ，エラ・ピーターズです。先週の会議でお会いしました」 空所の後に「あなたの名前を聞き取れなかった」とあるので，聞き取れなかった理由が入ると想像できる。

item 6 シチュエーションごとの会話問題 (2)

チェック 6 本冊 p.139

答 (1) イ (2) ア (3) ウ (4) ア

解説

(1) A:「サンシャインサンドイッチ店にようこそ。ご用件は?」B:「はい。コーヒー2つとクリームドーナツを2つください」A:「わかりました。こちらで召し上がりますか，それともお持ち帰りですか」B:「持ち帰ります。あっ，ストロベリーマフィンも1つお願いします」
for here or to go「ここで食べるか持ち帰るか」

(2) A:「すみませんが，富山駅までの道を教えていただけませんか」B:「ごめんなさい。このあたりはじめてなんです」 **stranger**「(土地に) 不案内な人」

(3) A:「すみません。イタリアンレストランにはどうやって行ったらいいのですか」B:「2ブロックまっすぐ行ってから左に曲がってください。右手にあります」 **go straight**「まっすぐ行く」

(4) A:「いらっしゃいませ」B:「このデパートに目覚まし時計は売っていますか」A:「はい，豊富にご用意しております。お決まりになっているものはございますか」
a wide selection「豊富な品ぞろえ」，have in mind「決めているものがある」も合わせて覚えておこう。

実戦テスト 本冊 p.140

❶

答 (1) 1エ 2ア 3ウ 4イ
(2) 1ウ 2オ 3エ 4ア 5イ

解説

(1) 看護師:「こんにちは。どうなさいましたか」
患者:「頭痛がして熱があります」
看護師:「それはお気の毒に。診察券を見せていただけますか」
患者:「すみません。家に忘れてきました」
看護師:「だいじょうぶです。コンピューターであなたのお名前を確認させてください。診察が始まるまで席についてお待ちください」
エ What's the matter? は，相手の身を心配して「どうしたのですか」とたずねる表現。

(2) A:「まだお腹が空いているわ，お母さん。メニューにあるチョコレートサンデーがほしいな」
B:「でも，ケイト，あなたの体重は問題よ。太らないものを食べなさい」
A:「つまり，低カロリーのものってこと?それらは私が好きじゃないデザートよ」
B:「私に言えるのは，体重の問題がある人というのは，カロリーの高いデザートを食べるべきではないということよ」
A:「これを食べるな，あれを食べるな。食べることができるものってないの?」
B:「あるわよ。あなたによい食べ物よ。例えば，お皿に残っているそのサラダのようなものよ」
A:「私はサラダが嫌いなの。特に，これみたいに中にニンジンが入っているものね」

B:「ええ，この世界にはそのようなサラダを食べることが大好きな人がたくさんいるのよ」

A:「だったら，私たちはそれに切手を貼って彼らに送ろう」

B:「ばかなことを言わないの」

A:「わかったわ，お母さん。もし食事療法に従ったら，新しい服を買ってくれる?」

A:「それに従ったら，あなたがすでにもっている服をまだ着ることができるでしょうね」

（ 1 ）の前で「まだお腹が空いている」と言って，それに対して母親が But（でも）と否定しているので，「何か食べたい」という内容のことを言ったことがわかる。（ 2 ）には低カロリーのデザートに対してのケイトの考えが入る。（ 3 ）には「これは食べるべきじゃない，あれは食べるべきじゃない」に続く言葉を探す。直後の B が Yes と答えていることから，疑問文が入ると推測できる。（ 4 ）の直後に especially the ones とある。この ones は前に出てきた名詞の言いかえ（ones なので複数形）なので，選択肢の中で名詞の複数形を探す。ア salads とオ desserts から選ぶ。（ 5 ）の前に「食事療法に従ったら」と条件を出しているので，イの「新しい服を買ってくれる？」が当てはまる。

第5章 長文読解編

item 1 長文問題入試頻出テーマ1

ケース1の英文を見てみよう　本冊 p.142

<For years> doctors and dieticians have told us to eat more fruits and vegetables.
tell＋人＋to 不定詞「人に〜するよう言う」

<Now> they think [fruits and vegetables may even prevent disease].
S V that 省略 O（think の目的語）

Eating foods (like grapes, corn, and spinach) may keep us from getting sick.
S（動名詞） 〜のような keep＋人＋from -ing「(人）が〜するのを妨げる」

How many fruits and vegetables should we eat? Experts say [five to nine servings <each day> will keep us healthy].
that 省略 keep 〜…「〜を…に保つ」

This may sound like a lot. Some people (in the United States) eat only one serving <a day>.
たった1つ

But people (from Asian and Mediterranean countries) eat many servings (of fruits and vegetables).
しかし たくさん

<In these countries>, fewer people get cancer or heart disease <than in the United States>.
より少ない people 省略

Here are some of the things (doctors and dieticians have learned about fruits and vegetables):

・Eating a diet (full of all kinds of fruits and vegetables) may cut our chances (of getting lung and colon cancer) by 30-40%.
S「〜でいっぱいの食事」 V O「〜になる可能性」

It may <also> cut our chances (of getting stomach cancer) by 60%.

・Women (who eat lots of brightly colored vegetables (like carrots, spinach, tomatoes, and corn) may cut their chances (of getting breast cancer by) 30-70%.
S 主格の関係代名詞「〜をたくさん食べる女性」 〜のような V O

Brightly colored fruits and vegetables have certain chemicals (that fight diseases).
主格の関係代名詞「病気と闘う化学物質」

Brighter colors mean more of these good chemicals.

Words and Phrases 本冊 p.145

l.1 tell 人 to～　人に～するように言う
l.2 fruit 名 果物
l.2 vegetable 名 野菜
l.3 even 副 ～でさえ
l.3 prevent 動 妨げる
l.3 disease 名 病気
l.3 grape 名 ブドウ
l.3 corn 名 トウモロコシ，コーン
l.3 spinach 名 ホウレン草
l.4 keep＋人＋from -ing　人が～することを妨げる
l.4 get sick　病気になる
l.5 expert 名 専門家
l.6 serving 名 1人前，1品
l.6 healthy 形 健康的な
l.7 sound like～　～のように聞こえる
l.7 a lot　たくさん
l.8 a day　1日に
l.8 Asian 形 アジアの
l.10 fewer 形 より少ない（few の比較級）
l.14 full of～　～に満たされた
l.14 kind of～　～の種類
l.15 chance 名 可能性
l.15 lung 名 肺
l.16 stomach 名 胃，腹
l.17 brightly 副 明るく，鮮やかに
l.17 colored 形 色のついた
l.17 carrot 名 ニンジン
l.19 breast 名 乳房
l.20 certain 形 いくつかの，ある
l.20 chemical 名 化学物質
l.20 fight 動 戦う

item 2 長文問題入試頻出テーマ 2

ケース 2 の英文を見てみよう　本冊 p.146

We live in a sweet world. The average American kid（「子供」） consumes more than（「～以上」） 20 teaspoons of sugar <per day>, and adults（「大人」） eat 50% more（much の比較級） sugar <today> than they did（＝ate） <in the 1970s>. We (all) know [that too much sugar isn't good for us]. <But> did we know [it（└that 省略） could be toxic]? A team (of researchers at the University of Utah) used mice to conduct a study (on（～についての） the negative effects of sugar). They found [it（└that 省略） could have serious effects on（「～への影響」） people's health].

Sugar Symptoms

<During the 58-week-long study>, mice were fed a diet (containing 25% more sugar). This percentage is equivalent to（「～に相当する」） a healthy human diet (along with three cans of soda daily). The team（S） found（V） [that（O） these mice were twice as likely to die as mice（A twice as ～ as B「A は B の 2 倍～」） (fed a similar diet without the sugar)]. <Though the mice did not show signs (of obesity or high blood pressure),> male mice were 26% less（「26％少なくなる」） territorial and produced 25% fewer（「25％少なくなる」） offspring than（「～よりも」） the other mice.

Scientists <often> use mice for research <because（「理由」を表す） they have a similar genetic structure to humans>. "<Since（「～なので」） most substances (that（主格の関係代名詞） are toxic in mice) are <also> toxic in

people>, it's likely [that those underlying
be likely that ～「～しそうである」
physical problems (that cause those mice to
S　主格の関係代名詞
have increased mortality) can be seen in
V
people as well," says study author James Ruff (of
同様に
the University of Utah). Findings (from this
S
study) reveal negative effects (that are not as
V　O　主格の関係代名詞
detectable as weight gain or heart problems).

Sugar can contribute to structural changes
「～の一因となる」
<in the body> (that can alter development and
主格の関係代名詞
<even> shorten lives).

Words and Phrases 本冊 p.151

l.1 sweet 形 甘い
l.1 average 形 平均的な
l.1 kid 名 子供
l.1 consume 動 ～を消費する
l.2 teaspoon 名 小さじ，茶さじ
l.2 per day　1日につき
l.2 adult 名 成人
l.5 researcher 名 研究者
l.5 mice 名 ネズミ（mouse）の複数形
l.6 conduct 動 実施する
l.6 effect 名 影響
l.7 serious 形 深刻な
l.9 during 前 ～の間
l.9 diet 名 食事
l.9 contain 動 ～を含む
l.10 percentage 名 割合
l.10 be equivalent to ～　～に相当する
l.11 along with ～　～に加えて
l.11 ... cans of ～　…缶の～
l.12 be likely to ～　～しそうである
l.12 similar 形 同様の
l.13 though 接 ～だけれども
l.14 male 形 オスの，男性の
l.15 produce 動 （子供を）つくる
l.15 the other ～　他の～
l.17 structure 名 構造
l.17 since 接 ～なので
l.17 substance 名 物質
l.19 physical 形 身体の，物理的な
l.19 cause ～ to ...　～が…することを引き起こす
l.20 increase 動 増加する
l.22 reveal 動 明らかにする
l.22 negative 形 否定的な
l.23 contribute to ～　～の一因となる
l.24 alter 動 変える
l.24 development 名 発達
l.24 shorten 動 ～を短くする

item 3 長文問題入試頻出テーマ 3

ケース3の英文を見てみよう 本冊 p.152

"Breakfast is the most important meal of the
最上級「～の中で一番重要な」
day." Many people agree with this idea, <but>
「～に賛成する」　しかし
some find (it is hard to eat in the morning).
that 省略　people 省略　形式主語の it で to eat ～を表す
Junior and senior high school students (in
Saitama) were asked about breakfast.
About 70% of them said [they ate every
that 省略
morning] and about 10% of the students said [they
that 省略
<always> skipped breakfast]. Students (who
主格の関係代名詞
don't eat breakfast) <often> say, ["I don't have
time to eat" or "I'm not hungry in the morning."]
People think about breakfast in different ways,
<but> let's find out [why it is so important].
「～を見つける」
<If you look at the word "breakfast,"> you

will find [that it is made up of two words]. The
「～で作られている」
first word "break" means "to stop," and the
「最初の言葉は～」
second word "fast" means "a period of eating no
「２つ目の言葉は～」
food." <So>, the morning meal, "breakfast,"
S 朝の食事である「朝食」同格
means to stop the period (of eating no food).
V O
<After dinner>, your body keeps working and
keep -ing ①
using energy, <even while you are sleeping>.
keep -ing ②
<In the morning>, you need to eat breakfast to
get your energy back. People (who eat just
S 主格の関係代名詞
before going to bed) or people (who go to bed very
S 主格の関係代名詞
late) may not want to eat breakfast in the
V O
morning <because they don't feel hungry>. <But>
eating breakfast plays a big part (in everyday
life).

<If you eat breakfast in the morning>, you
「もし～」条件を表す
will have energy and can begin your day feeling
good. <If you do not eat breakfast and always
feel hungry>, you will not have enough energy
to do much. <For example>, you may not want
to have fun with your friends. It may <also> be
形式主語
difficult for you to concentrate in your first
不定詞の意味上の主語
period English class. Some experts say [that
students (who eat breakfast every morning) do
S 主格の関係代名詞 V
better in class than students (who skip
well の比較級 「～よりも」 主格の関係代名詞
breakfast)].

It is good for students to think about
形式主語 不定詞の意味上の主語
breakfast, <so> some schools started to teach
about it in Japan. Here is one example. <In an
＝breakfast
elementary school in Aomori>, fourth-year
students had a special morning class. They
S
made their own breakfast with their parents
V_1
and ate <together>. <Before they began cooking
V_2
[to cook]>, they listened to an expert and
learned how to make a healthy breakfast. <After
「～の仕方」
the class was finished>, one student said, ["I'm
going to have breakfast every morning
<now> <because I learned how important it is
「理由」を表す
for me.">]

You may be very busy <every day>. Some of
you may think [you don't need to take the time
that 省略
to eat in the morning, <but> skipping breakfast
不定詞の形容詞的用法 S 動名詞
is not a good idea. <To make your day happy and
「～するために」不定詞の副詞的用法
healthy>, it's important for you to eat
breakfast. Fifteen minutes for breakfast is
S
much better for you than fifteen of extra sleep.
比較級を強調する much

Words and Phrases 本冊 *p.157*

*l.*1 breakfast 名 朝食
*l.*1 important 形 重要な
*l.*1 meal 名 食事

*l.*2 agree with ～　～に同意する
*l.*2 idea 名 考え
*l.*2 hard 形 難しい
*l.*3 junior and senior high school　中学校と高等学校
*l.*5 skip 動 抜く
*l.*6 often 副 しばしば
*l.*7 hungry 形 空腹の
*l.*8 different 形 異なった
*l.*8 way 名 方法
*l.*8 find out ～　～に気づく
*l.*9 be made up of ～　～で構成されている
*l.*11 period 名 期間
*l.*13 dinner 名 夕食
*l.*13 keep -ing　～し続ける
*l.*13 energy 名 エネルギー
*l.*15 get ～ back　～を取り戻す
*l.*16 late 形 遅い
*l.*18 play a part in ～　～で役割を果たす
*l.*22 for example　例えば
*l.*22 have fun with ～　～と楽しむ
*l.*23 difficult 形 難しい
*l.*23 concentrate 動 集中する
*l.*27 think about ～　～について考える
*l.*29 elementary 形 小学校の，初歩の
*l.*30 special 形 特別な
*l.*31 parent 名 親，（複数形で）両親
*l.*31 together 副 一緒に
*l.*32 listen to ～　～を聞く
*l.*32 healthy 形 健康的な
*l.*33 finish 動 終える
*l.*37 don't need to ～　～する必要がない
*l.*39 minute 名 分
*l.*40 much 副 ずっと
*l.*40 extra 形 余分な

item 4 長文問題入試頻出テーマ 4

ケース 4 の英文を見てみよう 本冊 *p.158*

You may be surprised to hear [that some
「～を聞いて」原因を表す副詞的用法
people (who haven't smiled for months) touch a
主格の関係代名詞
pet, and <soon> they begin to smile]. Being with
S
animals can help people (in nursing homes) feel
help＋人＋(to)～「人が～するのを助ける」
less lonely and less sad. Animal visits can
S「動物の訪問」 V
make their days more interesting and
O C
<sometimes> they are the beginning of a new
friendship. People (in nursing homes) become
S V
more active and responsive thanks to these
C 「～のおかげで」
animals. Animal visits can be a lot of fun,
<too>. They can help those people forget
help＋人＋(to)～「人が～するのを助ける」
their pains and problems. They <often> talk
S V_1
to a dog or a cat, and share their thoughts,
V_2 O
feelings, and memories. Touching a dog or a
S 動名詞
cat can <even> bring down a person's blood
V
pressure. It is <also> good exercise [because they
＝Touching a dog or a cat
have to move their arms, hands, and fingers
＝must
<when they are holding or touching the animal>].
<Through a pet>, people can <easily> begin to
talk to a person (they do not know). They can
└目的格の関係代名詞 who(m) 省略
talk about a common topic.

There are a lot of people (in hospitals and

nursing homes) who <once> had pets. <Now>
主格の関係代名詞
they are away from their pets, and <of course>

they miss them <very much>. Pets accept
=their pets
people as they are. They do not care
「ありのままの」 S V
whether someone is old or in bad health.
O 「～かどうか」
These visits <often> have lasting effects. Visits

(like these) leave behind memories (not only
not only
of the visits but also of happy times in their
～but also…「～だけでなく…」
past lives).

Words and Phrases 本冊 ***p.163***

l.1 be surprised to～ ～して驚く
l.1 hear 動 聞く
l.2 touch 動 触れる
l.2 pet 名 ペット
l.2 soon 副 すぐに
l.3 help～… ～が…するのに役立つ
l.3 nursing home 高齢者介護施設
l.3 feel 動 感じる
l.3 lonely 形 孤独な
l.4 sad 形 悲しい
l.4 make+O+C OをCにする
l.5 interesting 形 おもしろい
l.5 sometimes 副 時々
l.5 beginning 名 始まり
l.6 friendship 名 友情
l.6 active 形 活発な
l.7 responsive 形 反応するような
l.7 thanks to～ ～のおかげで
l.8 fun 名 楽しさ
l.8 forget 動 忘れる
l.8 pain 名 痛み
l.9 problem 名 問題
l.9 share 動 共有する
l.10 thought 名 思考
l.10 feeling 名 感情
l.10 memory 名 記憶
l.11 bring down～ ～を下げる
l.12 exercise 名 運動
l.12 arm 名 腕
l.12 hand 名 手
l.12 finger 名 指
l.13 hold 動 抱きかかえる
l.14 easily 副 簡単に
l.14 begin to～ ～し始める
l.14 talk to～ ～に話しかける
l.14 person 名 人
l.15 common 形 共通の
l.15 topic 名 話題
l.16 hospital 名 病院
l.17 of course もちろん
l.18 miss 動 寂しく思う
l.18 accept 動 認める
l.19 care 動 気にする
l.19 whether 接 ～するかどうか
l.19 bad 形 悪い
l.19 health 名 健康
l.20 lasting 形 永続する
l.20 effect 名 効果
l.21 memory 名 記憶
l.21 not only～but also… ～だけではなく…も
l.22 past 形 過去の

item 5 長文問題入試頻出テーマ 5

ケース5の英文を見てみよう 本冊 ***p.164***

<Although most physicians and specialists
S
recommend the intake of vitamins only if the
V O 「～の場合のみ」
person is suffering from a certain deficiency in his
「～に苦しむ」
or her diet>, it has become a trend for most people
現在完了「完了」「～の流行になっている」
to consume vitamin supplements on a regular

basis. There is widespread belief [that vitamins
「～という信念」同格 that S

promote good health, aid in weight loss, and
V1 O1 V2 O2
improve one's complexion, among others]. There are
V3 O3
others (who believe [that certain vitamins help
主格の関係代名詞
prevent cancer and other dangerous diseases]).
「～を妨げる」

The multibillion-dollar vitamin industry is a
S V
<rapidly> expanding one <as an increasing numbers
C one=industry
of people, (including children and teenagers,)
S′ 「～を含めて」
consume vitamins to enhance their health and
V′ O′ 「～を高めるために」
general well-being>. There is some truth in the
belief (of vitamin consumers) [that vitamin
「～を含む」 同格の that「～という信念」
supplements form an essential part of a person's
diet]. This <mainly> springs from the fact [that
S V 同格の that「～という事実」
most of our food (except foods such as lettuce,
S′
fruits, and juices) are cooked by using heat and
V′1
<hence> loses its properties]. Not many of us eat
V′2 「多くはない」
salads and raw vegetables (such as carrots,
「～のような」
cauliflowers, broccoli, and leafy vegetables).
Instead, the vegetables (that we eat) have been
目的格の関係代名詞「調理されてきた」
cooked, which destroys much of their nutritional
value.

<In addition>, most of us <also> tend to eat
「加えて」 「～する傾向にある」
refined carbohydrates, not complex ones. The
「～でなく」 =carbohydrates
former are more popular (such as polished rice,
「前者は」 「～のような」
pasta, white bread, and others, (which have
<almost> no nutritional benefits)). Polishing is
a process (that strips carbohydrates of fiber and
主格の関係代名詞
essential vitamins). <Hence>, vitamin supplements
provide these important elements (that are
主格の関係代名詞
missing in our diet). Vitamins play a role in
「～の役割をする」
ensuring [that we maintain a balanced diet].

Supplements provide us with the essential
provide ～ with…「～に…を提供する」
vitamins (lacking in our meals due to our
「～が理由で」
unhealthy eating habits).

Words and Phrases 本冊 *p.168*

l. 1 although 接 ～だけれども
l. 1 specialist 名 専門家
l. 1 recommend 動 勧める
l. 2 vitamin 名 ビタミン
l. 3 trend 名 流行
l. 4 consume 動 ～を消費する
l. 5 widespread 形 広がった
l. 5 belief 名 考え
l. 5 promote 動 促進させる
l. 6 improve 動 ～を改善させる
l. 8 dangerous 形 危険な
l. 8 disease 名 病気
l. 9 dollar 名 ドル
l. 9 industry 名 産業
l. 9 rapidly 副 急速に
l. 10 expand 動 拡大する
l. 10 increasing 形 増えている
l. 10 a number of ～ 多数の～
l. 10 including 前 ～を含めて
l. 11 teenager 名 十代の若者
l. 12 general 形 一般的な
l. 12 truth 名 真実
l. 13 form 動 ～を形成する
l. 13 essential 形 必要不可欠な
l. 13 part 名 一部

l. 14 mainly 副 主に
l. 14 fact 名 事実
l. 15 except 前 ～を除いて
l. 15 such as ～　～のような
l. 15 lettuce 名 レタス
l. 15 juice 名 ジュース
l. 17 salad 名 サラダ
l. 17 raw 形 生の
l. 17 carrot 名 にんじん
l. 17 cauliflower 名 カリフラワー
l. 17 broccoli 名 ブロッコリー
l. 18 leafy 形 葉が茂った
l. 19 destroy 動 ～を壊す
l. 20 tend to ～　～する傾向がある
l. 22 pasta 名 パスタ
l. 22 bread 名 パン
l. 23 benefit 名 利益
l. 23 process 名 プロセス
l. 23 strip ～ of...　～から…をはぎ取る
l. 23 fiber 名 繊維
l. 24 provide 動 提供する
l. 25 element 名 要素
l. 26 maintain 動 維持する
l. 26 balanced 形 バランスのとれた
l. 27 lack 動 不足する
l. 27 due to ～　～が理由で
l. 28 unhealthy 形 不健康な

実戦テスト 本冊 *p.170*

答 (1) ウ　(2) ウ　(3) ア　(4) エ　(5) イ

日本語訳

私は看護師であるが，ほとんどの他の看護師とは少し異なっている。私は男性看護師であるが，それは今日では珍しいことではない。しかし，私を他の看護師と異なったものにしているのは，私が43歳であり看護師としてのキャリアを開始させたばかりであるということである。私はいわゆる「中年」男性である。人々の中には，それは滑稽で奇妙であるとさえ思う人もいるかもしれないが，第２のキャリアを40歳代で開始させたのには理由があり，これは私が通常は人に話さないことである。

私の最初の患者は男性であった。彼は50歳代であり，私を非常に厳しく扱った。彼は最初私と出会ったとき，「あなたが本当に私の担当となる看護師ですか。私は女性の看護師か，若い男性の看護師に世話をしてもらいたい」と言った。私は彼の感情を理解することができた。自分が患者であったならば，同じことを言ったかもしれない。彼の話を聞いたあとに，私は笑ったが，それは自然な笑顔というよりは苦笑いであった。

私が看護師として働き始めた頃，私に起こるであろうことは予期していた。病気の人々が病院を訪れるとき，彼らは若い女性の看護師に世話をしてもらうことを期待する。私はそれは当然のことだと考えたが，それでも私は看護師になることを決意した。そして，それが私の仕事であり，私は看護師であるのだ。できることをしようと試みなければならない。よい看護師になるために，多くの経験を持つ必要があるのだ。私は，看護というものは単に患者の病気を治療することに関するだけではなく，精神的にも感情的にも彼らを支えることにも関わるものであるということを学んだ。私は彼らをサポートし，彼らの世話をすることに最善を尽くしたいと思っている。

私はその最初の患者に対して親切であり続けた。彼は話すことが好きな人ではなかったが，徐々に私に心を開くようになった。私は，彼が日本料理店で調理師であることを知った。私もまた看護師になる前は，中華料理店の調理師だった。私たちは多くの共通の経験をしており，それが，彼がより親しみをもつようになる手助けとなった。彼がついに私に微笑みかけたとき，私は本当に幸せだった。

彼が病院を去る日に，彼は私に，「なぜ，あなたは看護師になったのですか」と尋ねた。私は彼に話をすることをためらったが，話し始めた。「私の娘が障害を持って生まれたのです。彼女は，見ること，聞くこと，話すことができません。彼女は生きている間中，歩くことも決してできませんが，私は彼女のためにできる限りのことをやろうと決心しています」と。彼は目に涙を浮かべ，「以前，あなたに非常にひどいことを言ってしまって本当に申し訳ない。私はあなたの娘さんの状況について，想像することさえもできなかった。どうか，いつか娘さんと一緒に私の料理店に来てください。そうすれば，私はあなたがた２人に特別な食事を準備します」と言った。私は，誰も中年の男性が泣くところなど見たくないということはわかっていたが，泣かずにはいられなかった。

解説

(1) 当てはまらないものを選ぶ点に注意する。２行目に

male nurse とあり，アとイは当てはまるので誤り。エ「筆者はかつて別の仕事をしていた」は，24～25行目にI had also been a cook at a Chinese restaurant before I became a nurse. とあるので，当てはまる。ウは３行目にI am 43 years oldとあるので，under forty（40歳以下）と異なる。ウが正解。

(2) ８行目に最初の患者のことが述べられている。He was in his fifties「50歳代」であると述べられているので，中年男性であるということがわかる。アは，同じ８行目にtreated me very severelyとあることから不正解。イとエに関しても同じ箇所から，「若い」や「女性」の部分が誤りであることがわかる

(3) 18～19行目のI have learnedから始まる文で，「患者の病気を直すことだけではなく，精神的にも感情的にも支えること」について述べているのでアが正解。イ「筆者は患者の家族を助けたいと思っている」，ウ「筆者は，人々が女性の看護師をより好むので女性の看護師になりたいと思っている」，エ「筆者は患者の家族の一員のようになりたいと思っている」に関しては，いずれも本文中では述べられていない。

(4) 23～26行目に，筆者と患者は，それぞれ中華料理店と日本料理店の調理師をしていたことが述べられていて，その次の文で，「そこでの共通した経験が，仲良くなる手助けとなった」と述べられている。ア「同じ街に住んでいた」，イ「２人とも中華料理が好きだった」，ウ「患者は筆者の兄弟を知っていた」に関しては，いずれも本文中では述べられていない。

(5) 筆者が泣いたことが書かれているのは最終文。それ以前の，筆者と患者の会話のやり取りの部分で，患者が筆者に「娘と一緒に，自分の料理店を訪れてくれれば，特別な食事を２人に提供する」と述べている。筆者はその言葉に感激したと考えられる。エ「患者の娘が障害を持っていたので気の毒に感じた」は，障害のある娘を持っているのは患者ではなく筆者なので誤り。ア「患者が回復しないので悲しみを感じた」，ウ「患者がいなくなるのを寂しく感じた」に関しては，本文中では述べられていない。

英文を見てみよう

I am a nurse, but I am a little different from
「～と異なっている」
most other nurses. I am a male nurse, (which
関係代名詞の非制限用法
is not unusual today). <However>, the thing
(that makes me different from other nurses) is
主格の関係代名詞
[that I am 43 years old and have just started
my career as a nurse. I am a so-called
「～としての」
“middle-aged” man. Some people may think [it
that 省略
is funny or even strange], but I had a reason for
starting my second career in my forties, and this
is something (that I do not usually tell people).
目的格の関係代名詞

My first patient was a man. He was in his
fifties and treated me <very severely>. <When
he saw me for the first time>, he said to me,
「はじめて」
[“Are you really the nurse in charge of me?]
「～の担当の」
I want to be taken care of by a female nurse or
「～に世話をされる」
a younger male nurse.” I could understand
his feelings. I might have said the same if I
might have＋過去分詞「～だったかもしれない」
had been a patient. <After listening to him>,
「彼の話を聞いたあと」
I smiled, but it was a bitter smile rather than a
「～というよりむしろ」
natural smile.

I had expected [what would happen to me
過去完了　関係代名詞 what
when I began working as a nurse]. <When
people (who are sick) visit hospitals>, they
主格の関係代名詞
expect to be taken care of by young female

nurses. I thought [that was natural], but I
that 省略　指示代名詞 that

decided to become a nurse <anyway>. And it is
「～になることを決心した」

my job, I am a nurse. I have to try to do [what
関係代名詞 what

I can do]. I need to have a lot of experiences to

be a good nurse. I have learned [that nursing is
不定詞の副詞的用法

not just about treating patients' diseases,
not just ~ but also…「～だけでなく…も」

but also about supporting them mentally and

emotionally]. I want to support them and do my

best to take care of them.

I continued being nice to that first patient.
continue -ing「～し続ける」

He was not a person (who liked talking), but
主格の関係代名詞

little by little, he began to open his mind up to
「少しずつ」

me. I learned [that he was a cook at a Japanese

restaurant]. I had <also> been a cook at a Chinese
過去完了

restaurant <before I became a nurse>. We had

many experiences in common, and that helped
「共通の」　We ～ in common を指す

him to become friendlier. <When he <eventually>

smiled at me>, I was really happy.

On the day he left the hospital he asked

me, [“Why did you become a nurse?”]

I hesitated to tell him, but started by saying,
「～するのをためらう」

[“My daughter was born disabled. She can't see,

hear, or speak. She will never be able to walk for

as long as she lives, but I have decided to do as
「～する限り」

much as I can do for her.”] With tears in his eyes,

he said, [“I'm really sorry to have said such bad
「～を言って」

things to you before. I couldn't have guessed

anything about your daughter's situation.

Please visit my restaurant with your daughter

<someday>, and I'll prepare a special meal for

both of you.”] I know [that no one <ever> likes

to see a middle-aged man crying], but I could
「中年の男性が泣くのを見る」

not help crying.

Words and Phrases

l. 1 nurse 名 看護師
l. 1 be different from ～　～と異なっている
l. 2 male 形 男性の
l. 2 unusual 形 ふつうではない
l. 2 however 副 しかしながら
l. 3 start 動 開始する
l. 4 career 名 仕事，職業
l. 4 middle-aged 形 中高年の
l. 5 funny 形 おかしい
l. 5 strange 形 奇妙な
l. 5 reason 名 理由
l. 6 second career　第2のキャリア〔経歴〕
l. 6 in one's forties　40歳代で
l. 8 patient 名 患者
l. 8 treat 動 ～を扱う，～に接する
l. 9 severely 副 厳しく
l. 10 in charge of ～　～を管理する，担当する
l. 10 take care of ～　～の世話をする
l. 10 female 形 女性の
l. 11 feeling 名 感情
l. 13 bitter 形 苦い
l. 13 rather than ～　～というよりむしろ
l. 13 natural 形 自然の，当然の
l. 14 expect 動 期待する

*l.*15 sick 形 病気の
*l.*15 hospital 名 病院
*l.*17 anyway 副 いずれにしても
*l.*18 experience 名 経験
*l.*19 not just ～ but also… ～だけでなく…も
*l.*20 support 動 ～を支える，支援する
*l.*20 mentally 副 精神的に
*l.*20 emotionally 副 感情的に
*l.*21 do one's best 最善を尽くす
*l.*22 continue 動 ～を続ける
*l.*23 little by little 少しずつ，徐々に
*l.*23 open one's mind up ～の心を開く
*l.*25 have ～ in common ～を共通点としてもつ
*l.*27 eventually 副 ついに
*l.*29 hesitate to ～ ～するのをためらう
*l.*29 daughter 名 娘
*l.*30 disabled 形 障害のある
*l.*31 as long as ～ ～する限り
*l.*32 tear 名 涙
*l.*32 I'm sorry to ～ ～してすまなく思う
*l.*33 guess 動 ～を推測する，～と思う
*l.*34 situation 名 状況
*l.*35 prepare 動 ～を準備する
*l.*35 special 形 特別の
*l.*36 cannot help -ing ～せざるを得ない

B